中公新書 2185

猪木武徳著

経済学に何ができるか

文明社会の制度的枠組み

中央公論新社刊

はしがき

その起源をどこまで遡《さかのぼ》れるかは別にして、われわれの知的遺産としての経済学の価値は一般に評される以上に大きいと筆者は考える。人間研究の学として、人間社会の富の生成と構造、その働きを理解する学問として、あるいは社会制度を点検するときの座標軸を与える知恵として、その価値は決して軽んぜられてはならない。筆者自身が経済学と長く付き合ってきたがゆえに、いわば経済学に「ロック・イン」され、その価値を過大に評価しているのではないかという危惧《きぐ》がないでもない。しかしそろそろ経済学から引退しようとするものは、知的廉直さをもって、その価値を冷静に判断できるのではなかろうか。経済学は無力だ、という皮相な批判が語られる昨今、できるかぎり偏りのない視点で、経済学に依りつつ経済社会の制度や慣行の意味を考える手掛かりになればと思い、本書を執筆することにした。

経済学はなぜ批判にさらされやすいのか。医学との比較で考えてみよう。生命と健康への関心がひときわ高い現代人の医学への期待は大きい。医学が日常的な関心を集める程度も機会も、一世代前に比べると飛躍的に高まった。現代の医学が、ヒポクラテース以来の伝統的な「医術」という性格を弱め、実験室の「科学」としての専門性を高めたため、医学は門外漢が批評しにくい専門知のハードルを築いたように見える。生命や健康の科学的な知識や技術について、素人は嘴《くちばし》を挟みにくくなったのが現実である。だがその「医学」も、「医術」も、すべての人間の病を治癒できるわけではない。

それに対して経済学はどうか。経済は物質的な面で人間の社会生活の基盤をなしている。経済活動と無縁な人間は皆無といってもよく、経済の冷徹な原理にさらされていない人間はいない。誰もが経済について、それぞれ異なった実感と意見を持ち、経験と価値観に基づく「一家言」を持っている。したがって、政策論（例えば消費税の議論）となると利益や価値観が対立し、「百家争鳴」の観を呈するようになる。人間の病気同様、経済も治りにくい、重《じゆう》篤《とく》な病に襲われることがあるにもかかわらず、「国民経済の病が治らない」と不平は経済学へ向けられる。「完全な治療法」が見つからない大きな理由は、時に政策が、異なった立場の人々の富と所得の分配を左右するからであり、経済活動に参与する人々は同時に「利害関係者」でもあるがゆえに、議論や主張が自己の利害関心から自由になれないからである。

本書でわたしは、文明社会における様々な制度や現象の背後にある問題について、その歴史を振り返りつつ「議論の本位」を改めて吟味してみたいと考えた。特に、制度の合理的根拠とその存在理由に注目した。概して政策論議が熱してくると、「制度」の由来と存在理由そのものが忘れられ、その制度が「合理的でない」という一言ですぐさま「抜本的改革」の論議に移ることがある。そうした「改革」論は、「人間は賢明で常に合理的な動物だ」、「政策の意図と結果は必ず一致する」という軽信から出ているものが多い。

しかし現実には人間が完全な知識を持つ合理的な動物ではないからこそ、「制度」によって人間を縛り、賢明かつ合理的にする、という側面があることを見逃してはならない。人間は、両立しえない二つの（二つ以上の）欲求を同時に満たそうとすることがある。自由であると同時に平等でなければならない、という欲求はその最たるものであろう。ひとつの精神が、同時に相矛盾する二つの心情を持ち、その双方を受け入れることができる。そしてなおかつ、その矛盾を受け入れたことを忘れ、忘れたことさえも忘れ去ってしまえるのだ。

例えば原子力発電に対するわれわれの気持ちも、こうした矛盾を同時に受け入れ、その矛盾を忘れるというモードになっている可能性がある。豊富なエネルギー供給による豊かな生活を受け入れ、同時にそのエネルギー自体を悪魔の産物だと恐怖する。その両方を、抵抗もなく受け入れることができるのである。

こうした「二重思考」（double thinking）から自由でない以上、われわれをなんらかの形で首尾一貫した判断の主体とするような（consistent にするような）規制なり制度が必要になってくる。「昨日の自分」と「今日の自分」が異なった考えや感情を持ちうるからこそ、「移ろいやすい自己」をなんらかの形で縛らなければならない。さもないと、社会は多大なコストと大きな混乱を生み出す可能性がある。つまり社会制度や慣行は「人間研究」を抜きにしては考えられないのである。

約言すれば、本書の目的は、人々の間における価値の相克と分裂、そしてひとりの人間の内部での価値の相克と分裂、この双方を意識しながら、経済社会の制度や慣行を学び直す材料を提供することにある。経済学は、人間社会の何を、どこまで説明できるのか、人間、あるいは集団としての人間は、いかなる行動をとりがちなのかを改めて考えてみたい。

とは言え、人間も人間社会も、全体を一挙に把握することはできない。だからこそ、問題や概念を区別し、限定して、差し当たり余分と思われるものを取り去って理論ができ上がってくる。言い換えると、経済学は、一八世紀英国の哲学者D・ヒュームの言う人間的自然(human nature)のすべてを取り入れず、むしろ取り入れることに禁欲的であったからこそ精密な理論を生み出すことができたのだろう。

しかしその経済学も理論を云々するだけでなく、現実の問題に発言しなければならない局面がある。その際われわれは、歴史や経験知へ配慮しつつ、理論の使い方の処方箋《しょほうせん》(政策)を書かねばならない。理論は時には劇薬となりうるため、その適用には慎重でなければならない。制度や体制の成り立ちを振り返りながら、自分の政策的な主張の論理を確かめるという「健全な懐疑主義」は常に保持しなければならないというのが本書の基本メッセージなのである。

現実のデモクラシーのもとでは、経済政策・社会政策をめぐる最終的な選択は基本的に、立法府に委ねられている。その際、経済学者の専門知と国民の健全なアマチュアリズムの緊張関係をいかに保持するのかが問われる。経済学者の主張には、一般の国民が知る以上の、経済についての知見が多く含まれていることは否定できない。しかしその経済学者の知見や知識といえども完全なものではないのだ。要するに、われわれはすべてを知っているわけではないので、政策提言は常に全《まった》き論証（demonstration）ではなく、主張（assertion）という性格を帯びざるをえなくなる。

経済制度や慣行を、歴史的な流れの中で捉え直すと、何が見えてくるのか。そうした関心から、これまで筆者が向かい合ってきた経済学の貴重な知的遺産を、経済の歴史的な動きの中で再吟味してみたいと思う。経済学を学ぶときの副読本として、あるいは、困難を極めるデモクラシーのもとでの経済政策論議に歴史的視点を与える読み物として、本書を繙《ひもと》いていただければ幸いである。

目次

経済学に何ができるか

序章　制度と政策をめぐる二つの視点

「賢い人」と「弱い人」

「経済学に何ができるか」と題する本書をまとめる際に、明に暗に意識した点が二つある。ひとつは、本文中の事例に表だって書き込まれているわけではないが、人間の合理性、理性だけではなく、人間の感情が持つ力を文明社会の経済制度はどのように取り込んできたのか、あるいは取り込もうとしているのか、という問題である。アダム・スミス（一七二三〜九〇）が『道徳感情論』で、そしてヒューム（一七一一〜七六）が『人性論』（一七三九）でそれぞれ論じた、人間の理性（reason）と情念（passion）の関係、人間的自然（human nature）の問題をどう理解し、「人間研究の学」をいかに社会科学的な枠組みに落とし込むのか、との問題意識に通じるということもできよう。

もうひとつは、それと関連する問いでもあるが、経済理論と経済政策の関係をいかに捉えるかという点である。J・シュンペーター（一八八三～一九五〇）は、単純化され抽象化された理論をそのまま現実の政策に当てはめる安易さを、「リカード的悪弊」（The Ricardian Vice）と呼んだが、この理論と政策の関係について、われわれは常に用心深くあらねばならない。それは経済理論の価値を決して貶《おとし》めることではない。むしろ理論の役割を限定することによって、その力を適切に発揮できるようにするためである。理論は、われわれに何を示し、実際の経済政策の運営のどの段階までの知恵を授けてくれるのかを反省することである。

まず「人間研究の学」としての経済学を考えるということの意味について要約して述べると、政策に関しては、価値、政策目標の中から何をいかに選択するかというところで、必ず人間的な要求の間の「争い」が発生する。政策だけではない。理論の領域においても、実は人間学的考察による偏りから経済学は自由ではない。現代のミクロ経済学の主流は、「合理的で独立した自由な個人」を想定することから出発する。しかしこれは人間類型のひとつを代表したモデルにすぎない。

この点に関して、ドイツの社会学（マックス・ウェーバー）とフランスの哲学（H－L・ベルクソン）からも影響を受けたアメリカの経済学者フランク・ナイト（一八八五～一九七二）

が、二〇世紀のコンテキストの中で、アダム・スミスとほぼ同じ指摘をしていることに注目したい。ナイトの想定する自由社会（free society）のイメージには、それまで（「閉じた社会」において）宗教的権力や政治的専制などによって抑えつけられていた人間の本性の一部をなす「反社会性」が一挙に解き放たれた社会（「開いた社会」）という認識がある。彼の言う「反社会性」とは、自信過剰とか、利己主義的な態度、党派性、独断的姿勢、合意しないといった、人間の持つ、社会的な紐帯《ちゅうたい》や連携にとっては負となる性質を指す。この「反社会性」は自由社会の問題を考えるとき無視しがたいとナイトは言う。

これはアダム・スミスが、弱さ、例えば虚栄心とか、うぬぼれ、野心とかを持った人が、偉大な商業社会の発展の原動力になっていると、『道徳感情論』の中で指摘している点と共通する。スミスは、人間は基本的に他者が自分をどう評価したか、どう見ているのかという意識から自由になれないとして、その観点から人間を二つの類型に分けた。「弱い人」（weak man）と「賢い人」（wise man）である。「弱い人」は世間一般の評判を重視する、うぬぼれや野心を持った人間、そして「賢い人」は自分の中にいる「偏りのない観察者」（impartial spectator）にしたがって、公正で醒《さ》めた判断と行動ができる人間である。「賢い人」は、自己制御（self-control）ができるが、「弱い人」は、世間からの賞賛を求めながら野心と虚栄心に突き動かされてしまう。

スミスの奥深さは、この二つの人間類型に対して、まことに公正な評価を下しているところにある。実は（世間の評価を重視し）野心と虚栄心に突き動かされている「弱い人」が、他人から賞賛されたい、他人から注目されたい、と考えてきたからこそ、そのエネルギーによって経済社会は多くの富を創造することができたというのだ。「弱い人」は、富が増えれば増えるほど人間は幸福になると信じているからだ。したがって世の中が「賢い人」ばかりであれば、行き過ぎや激しさのない静謐《せいひつ》で公正な世の中になるかもしれないが、現在人類が手にしている巨大な富は創造されなかったとスミスは言うのである。経済社会は、こうした「賢い人」と「弱い人」が、ある種の補完的な関係でもって発展させてきたと見るのである。そういう人間の欲望にまつわる「弱さ」をどういう形でプラスに転化するか。スミスはそこに「賢明さ」が必要になると考えた。これはひとりの人間の中における弱さと賢さの「分裂」とも考えることができるが、むしろ社会全体に、このような二つのタイプの人間がそれぞれ存在すると理解すべきであろう。

ナイトの洞察

この点について、フランク・ナイトは、インテリジェンス、つまり知性が自由社会の価値の相克を解決する役割を担うと考えている。個人の道徳原理から立法の段階に移るとき、この移行過程は、近代社会の政治の仕組みとしてはほとんどの場合が代議制のデモクラシーを制度として持つ。その過程でインテリジェンスをどのように働かせていくのか、そこに最大の、そして最も困難な現代社会の問題が存在するとナイトは見たのである。スミスの言う、人間の弱さを賢明な力でどうコントロールするかということと、この政治過程をいかに知性でもって健全に機能させるのかというナイトの問題提起は同じ形式の問題に帰着するのだ。

ところが経済学の基本部分は、こうした複雑な個人の道徳原理と社会全体の関係について、方法論的な便宜のために「人間性」を限定して捉えることで、確実かつ明確な結論が出せるような姿勢を貫いてきた。「独立した自由な個人」、「合理的な計算のできる個人」がお互いに契約を交わして「社会」というものを成立させたと説明する。この点で現代経済学はJ・ルソーの契約説的な社会観に基礎を持つと考えることができよう。

しかしルソーの契約理論は大胆な仮説を前提としたモデル分析であって、歴史的な事実を記述したものではない。現実には「社会」の方が「独立した個人」より先に現れているからだ。いつまで遡れるかは別にして、ミツバチやシロアリのような集団生活を送っていた社会の中から、人間は言語の助けを借りながら一種の黙約を取り交わしつつ法と制度を整え、そして初めてインディビジュアル、つまりそれ以上は分割しえない「個人」という意識を発見したのである。

その用語も含めて、「個人主義」という概念は決して古代・中世に遡れるものではない。少なくとも通説的な理解では、「個人主義」という言葉は一九世紀以降になって初めて現れたとされる。したがって、個人が先か、社会が先か、という形で仮に問題を単純化するとすれば、実は社会の方が、人間にとっては古いのだと言わねばならない。推測の域を出ないが、ここに（バブルや、マス・ヒステリアなどに現れる）人間の集団行動における非合理性のひとつの原型、太古の昔より引きずってきた人間的自然（human nature）があるのではなかろうか。

フランク・ナイトが *Intelligence and Democratic Action*（『知性と民主的行為』）で展開した議論は、スミスの『道徳感情論』における人間像、つまり人間のプラス・マイナス両面を見て（あるいは二種類の人間類型を措定して）おり、野心や虚栄心を賢明さでもってコントロールする、という図式と基本的に重なり合っていると筆者は考えている。

理論と政策

本書で意識した第二のポイントは、以上述べた点の言い換えとも言えるが、理論と政策の関係をどう見るかという問題である。この難問を論ずるためにはいろいろ区別すべき概念が伏在しており、「理論」として何をイメージするかによって論旨は変わってくる。したがって一般論は難しい。

本書で注目したのは、社会の制度や政策を考える際の理性（reason）の問題だ。ヒュームは理性による推論を二つの種類に分けた（『人性論』第二編・第三部・第三節）。ひとつは数学などで使われる証明あるいは確率による推論、今ひとつは、事物や観念の関係についての経験から与えられる推論である。そしてこれらは、いずれも行動の原因にはならないこと、したがって理性のみでは行動を生み出し得ず、意志を生み出すこともできないと指摘した。理性は意志を妨げたり情念に優先することもない。むしろ理性は情念の奴隷であり、奴隷でありさえすればよいとヒュームは言う。論理で一番大事にされる三段論法的なものから生み出されるもの、あるいは三段論法とそれを使う人間が持っている理性は、情念の奴隷になりやすい。言い換えれば、人間にとって情念こそ原初的な動機であり、この点は理性の存在とは矛盾しないとヒュームは主張したのだ。情念が道理に合わないということは、理性が情念の奴隷になって「判断」を誤ることを意味している。こうした点を考え合わせると、理性による推論によって生まれる「理論」はそれ自体、自己完結性を持ってはいるが、それは現実をそのまま記述したものとはなりえない。だからこそ、「理論」と「政策」とを峻別《しゅんべつ》し、理論を現実へそのまま単純に適用しないことが極めて重要になってくる。

理論は、いかに数少ない要素で多くのことを説明できるかという姿勢で論理的に組み立てられた構造モデルであって、現実そのものをコピーしたものではない。この点をJ・R・ヒックス（一九〇四〜八九）が次のように巧みに語っている。すべてではないが多くの場合、理論は否定的に使用されるべきものだと考える。現実に起こることは必ずその理論の結論から外れている。外れた場合に、理論は「なぜか」という問いを生む準拠枠（frame of reference）を与えてくれる。そこに理論の役割と効用があるという。そして良質の理論ほど、「なぜか」という問いが本質的なものになるという。これが、『経済史の理論』（第四章）で、ヒックスが歴史と理論の問題と格闘したところから生まれてきた洞察であった。

このヒックスの味わい深い言葉は、現代の経済問題を何とか解決したいと考えるものにいかなる示唆を与えるのだろうか。それは決して「経済学は何もできない」というニヒリズムにつながるものではない。むしろ、経済問題を考える場合、いかなる近道もなく、まず経済理論の基本部分を学び、正しく問え、ということを意味しているのだ。問題を考えるためには、思考の枠組みや前提として経済学の論理を知ることが大事であるということ、そして経済学の論理の役割と限界を知ることが必要であり、経済の論理だけを言い募らない品性が求められるということなのだろう。経済学が力を発揮できるのは、もろもろの価値の社会的な選択以前の段階までであり、それ以降は政治的な選択に任せるよりほかはない。経済学の論理だけで強い主張を行うことができない理由はそこにあるのだ。

本書の構成について、簡単に触れておきたい。第Ⅰ部の三つの章は、政府と中央銀行の役割と責任について、自由と集団心理の視点から歴史的に論じている。第Ⅱ部の五つの章では、不確実性、偶然性、習慣などをキーワードとして、投資、消費、知識、貧困の問題を考える。最終第Ⅲ部は、個人と国家の間の中間組織の役割、分配の正義、経済的な豊かさと幸福の問題に挑戦してみた。終章は、「経済学に何ができるか」という問いに対する筆者の答案のような形になった。

なお本書には、アリストテレス、ミルトン、アダム・スミスなどの古典に言及し、引用した箇所がいくつかある。読みやすさを考え、巻末の主要参考文献の邦訳をそのまま用いていないことをお断りしておきたい。

第Ⅰ部　自由と責任

自由と法は、相互に予想し合った概念である。国民の自由を保障することは、リベラル・デモクラシー国家の政府の重要な責務だ。そこに政府の基本的な存在根拠がある一方、国民の自由にも義務と責任が伴う。経済の観点から考えると国家の屋台骨は、国民の納税と政府の徴税が支えている。その税の使い方は国民が選んだ議員が国会で決める（租税法律主義）。また、金融当局は通貨の価値を守るという役目を負う。こうして政府と中央銀行は国民とともに、文明社会の基本的機能である財政と金融の基盤を構成する。自由な国民、政府、中央銀行が引き受けねばならない役割と責任について、まず経済学の視点から歴史的に振り返ってみよう。

第1章　税と国債
――ギリシャ危機を通して見る

ギリシャの徴税能力

国家の活動には費用がかかる。その費用を租税として徴収することが「徴税」であるが、ギリシャ政府の債務危機はその徴税の重要さを改めて教えてくれた。ユーロ危機の最大の原因が、ギリシャ政府の放漫財政による国債の乱発にあったことは誰しも否定しない。「ユーロへの信用」がユーロ建てギリシャ国債の市場消化を可能にしてきたのだから、共通通貨導入がギリシャの財政節度のなさを結果的にバックアップしたことにもなる。「収入以上に支出したがる」デモクラシーの浪費癖が強く批判されるのも当然だろう。

しかし注目すべきは、財政赤字の原因は政府支出の膨張だけによるものではないという点だ。欧米のメディアは、ギリシャという国家の徴税能力、ギリシャ国民の納税への義務感覚の欠如が致命的なのだと指摘する。ギリシャの高額所得者にとっては「脱税は国民的な娯楽なのだ」とまで言い切る（『ニューヨーカー』二〇一一年七月十一日号）。そしてギリシャ中央銀行のスタッフが、二〇一〇年度はギリシャ国民の予想納税額と実際の納税額の差、一三〇億ユーロは、税収の三分の一にも及び、同じ年の財政赤字分にほぼ相当するとコメントした、との報道もあった。

ギリシャの金持ち階級は脱税方法を考えるために悪知恵を絞り、税務当局はその摘発に多大の人件費と時間を投入している。税収が主に中・低所得層の正直者から入っているとすれば、これほど逆進的な税制はないということになる。所得額を捕捉する力が弱いため、高額所得者が脱税し、中・低所得層のなかの正直者だけが納税するというのは正義の感覚に合わない。もっとも、数年前、当時の日本の首相が多額の申告漏れ（脱税？）をしていて、国民を驚かせたことがあった。この巨額の申告漏れが露見しても、当の首相は辞任に追い込まれなかったのだから、脱税しているといわれるギリシャの富裕階級の納税意識の低さを、われわれ日本人は笑えない。

深刻なのは、国家という共同善（common good）を目的とする団体にとって、租税がいかに重要なのかという意識が希薄な点だ。政府が合法的なもので、同胞がみな納税の義務を果たしているとすれば、「脱税」をゲームだと考える国民はいないはずだ。

しかしギリシャは「デモクラシー揺籃《ようらん》の地」でありながら、近代デモクラシーの経験は浅いため、民主制国家の統治の精神が十分浸透していない節《ふし》がある。医者、芸能人、運動選手、造船王が納税していないという現状は、「法の前の平等」が保障されていないことの証左とも言えよう。確実な「徴税」が国家にとって重要なことは言うまでもないが、この確実性については意外に議論されない。

日本の国税庁

日本の現状はどうだろうか。現在は国税庁が徴税を行っている。戦前の徴税行政は、大蔵省の内局の主税局が、租税政策の立案、歳入見積もりだけでなく、租税の執行面をも総括・監督していた。しかし占領下にＧＨＱ（連合国軍総司令部）が内国税の賦課徴収、滞納の処理、脱税の取り締まり、国税不服審判などの業務を主税局から独立させた。このとき生まれたのが国税庁である。職員総数は約五万六〇〇〇人。下部機構として全国に一一の国税局（沖縄は国税事務所）、さらにその下に五二四の税務署が配置されている。

「死」と同様、誰も逃れることのできない「税」を徴収する、親しみの湧かないお役所であるが、ここがどんな組織なのかを知る人は多くない。この財務省の外局官庁・国税庁を三〇年担当したジャーナリスト、落合博実《おちあいひろみつ》氏の『徴税権力―国税庁の研究』は以下のような参考になる情報を与えてくれる。

まず国税庁幹部の人事権は、実質的には財務省が握っている。長官、次長、調査査察部長など、国税庁の主要ポストは財務省キャリアの指定席だ。しかしこうしたキャリア官僚も、税制関連の法案を通すためには国会議員に頭を下げるわけであるから、政治家との関係は複雑だ。政治家は一般の国民に比べて様々な収入を得る機会があるが、その政治家の課税漏れ所得を把握するのは国税庁の仕事なのである。政治家の「口利き」と所得隠し、政治資金問題、検察と国税庁の関係、資料調査課（リョウチョウ）の凄み、大企業への姿勢、マスコミや宗教法人（特に創価学会）への調査など様々な問題を同書は取り上げている。大口・悪質事案の調査を担当するリョウチョウは政治家、財界人、芸能人、スポーツ選手などのデータを調査し、管理するのが役目だ。ここで悪質な脱税案件が見つかれば、査察部（マルサ）に送られる。「国税庁で現場を切り盛りする実戦部隊はほぼ全員、税務大学校で基礎実務を学んだ高卒者か、大学卒業後、国税専門官試験に合格したノンキャリア」だ。彼らにとって「特急組」のキャリアは別世界の人間になるが、実務を支えているのは自分たちだという自負を持っているという。

この国税庁と検察との関係も微妙だ。脱税事件の摘発は、国税当局の告発を待って、検察が捜査に着手する。このルールが破られたこともあるが、検察と国税庁の関係を良好にしたのが、ロッキード事件であったという。

査察部は強制調査ができ、納税者には黙秘権が認められている。その意味では検察の捜査に近い。他方、調査部の調査は任意であるが、正当な理由なくして答弁しない場合は推計課税ができる。調査段階で知りえた企業秘密に関しては守秘義務を持つ。しかし大企業の脱税の調査は中小企業より少なく、同様に、大宗教法人への調査も、弱小宗教団体に比べると少ないといわれる。

日本と外国の徴税能力の違いを比較することは難しい。そもそも脱税という犯罪行為の統計を、政府が正確に収集することはできないから、そうした研究が存在しないのは当然ということになる。しかし、どの徴収方法が脱税を少なくするかという一般論は可能であろう。

脱税の歴史

西洋世界の統治者も、「脱税」との闘いに多くのエネルギーを割いてきた。詳しい研究書として、C・ウェバーとA・ウィルダフスキーの *A History of Taxation and Expenditure in the Western World*（『西洋世界における課税と公的支出の歴史』）が、その闘いぶりを豊富な事例を挙げながら紹介している。

歴史的に見ると、経済循環の流れが大きくなり、その構造が複雑化して課税対象の捕捉が次第に困難になるにつれ、統治者はますます租税収入の不足に悩まねばならなくなった。農民からの「地租」が主要な財源であった社会では、納税者の富の捕捉はそれほど難しくなかったため、「脱税」が大問題となることはなかった。現代のギリシャの金持ちが、自宅のプールにネットをかけて隠すように、日本でも公租を逃れるために田畑を徴税役人から隠すことは古代・中世から近世まであった（隠田《おんでん》）。一揆《いっき》もあった。しかしそれでも脱税が国家の存立基盤を脅かすほどにはならなかった。

興味深いのは、古代世界では洋の東西を問わず、「徴税人」は過酷、冷酷無比な人間であり、人民の「敵」というイメージが付きまとっていたことである。例えば、新約聖書の福音書のひとつを書いたとされるマタイは、カペナウムの税所に勤務する徴税人であった。イエスに招かれ、直ちに弟子となった場面が福音書に記載されている（マタイ9・9）。ローマ帝国時代には、皇帝は各地に一人の総督を置き、税を取り立てさせた。これらの徴税人はユダヤ人で、いわば異邦人の政府に仕えており、民衆を搾取する冷酷な人間として象徴的に描かれる。徴税人は罪人、遊女、異邦人と同類とみなされていた節がある。したがって、イエスがマタイを弟子として招いたことは、「徴税人」すらを招き入れたという意味が含まれているとされる。

一方、古く日本でも、徴税人が冷酷無比な人間と思われていたことは、『万葉集』にも歌われている。律令制国家の公民がいかに困窮し、里長《さとおさ》の徴税が過酷かという有様を歌った「貧窮問答歌」がその代表例である。ムチ（楚《しもと》）を持った里長が閨《ねや》の戸口に押し入り、呼び立てる、と山上憶良《やまのうえのおくら》は嘆いたのである。

市場圏が拡大した西欧中世の商業社会では、土地の場合とは異なり、商業からの徴税を確実に行うことが困難になった。一一世紀以降、イギリス、フランスなどの王国でも、イタリアの都市国家でも、ドイツの自由都市でも、徴税は支配者の頭痛のタネとなっていた。直接税として、一定年齢以上の個人に課税する「人頭税」、世帯ごとに課す「炉床税《ろしょう》」、資産や所得に課す税があったが、資産税は「資産の評価」という難問をはらみ、所得税も「所得」という概念の曖昧《あいまい》さと複雑さゆえ、その徴収は困難を極めた。間接税としては生産と消費にかけられる物品税や通行税などが主だったものであった。ただし、物品の取引のための移動に対してかける「関税」は、その捕捉力が地理的・地形的条件に左右されやすく、取引を一定の地点（例えば港）に限定することが困難な場合が多かった。

近代に入るまでは、「国家の役割」は極めて限られており、基本的な仕事は、戦争、外交、公的祝典行事、そして貨幣の鋳造であった。時代とともに、統治者の役割が拡大するにつれ、ますます税収の確保は深刻度を増した。特に一四世紀以降、民兵に替わり傭兵《ようへい》が普及し、人件費がかさみはじめる。さらに大砲という高価大型兵器が導入されたこともあって、戦費は途方もなく膨らんだ。近代以降、政府の財源のサーチは文字通り、なり振りかまわぬものとなってゆく。一八世紀末の英国では、帽子税、窓税のほか、時計の所持者は課税され、石鹸の消費、レンガの生産も課税されるようになった。一九三〇年代ドイツでは、独身者の税率を高くする「独身付加税」までが導入されたのである。

ちなみに独身税については、現代の残酷な事例も明らかにされている。ナチスも人口政策上、堕胎と避妊を非合法とし多産を奨励していた。しかし二十数年前まで、「独身税」を徴収する国が存在した。社会主義独裁国家であったルーマニアの大統領ニコラエ・チャウシェスクの残酷な「政令七七〇」だ。出生率を上げるために「子供を持ちたがらない者は、国民の連帯に抗《あらが》う脱走者」とみなすというものだ。子供を産まない女性には「独身税」として、給料の約一〇%を課税した。妊娠と出産は増えたものの、栄養失調と劣悪な衛生環境から妊婦と新生児の死亡数は多数に上ったという。闇市場の高いミルクが買えない者に、なぜ子供が産めるのか、と西側メディアは伝えたのである。

課税への反乱

ヒックスは『経済史の理論』で、課税によって国庫収入を確保することは支配者の慣習的な権利であり、増税や新税の導入は国家権力の強大化を意味するため、民衆にとっては支配者が「暴君」と映ることは避けがたかった、と述べている。そうした「暴君」への反乱が「ワット・タイラーの乱」であり、「ボストン茶会事件」なのだ。前者は、長期化した「英仏百年戦争」で赤字財政に苦しむ英国王が「人頭税」などによって課税を強化したため、後者は、イギリス本国議会の米植民地への課税に対して、ボストン市民が停泊中の東インド会社の船荷の紅茶箱三四二個を海中に投棄し、アメリカ独立戦争の前哨戦となった事件である。

三十三歳のT・ジェファーソンが原案を起草した「アメリカ独立宣言」（一七七六）は、「イギリス本国現国王の歴史は、権利侵害と権利簒奪《さんだつ》を繰り返し行った歴史である」として、国王の不公正を多々羅列し弾劾し、世界に向かって独立を宣言したのである。その中で、「（イギリス国王は、本国議会の立法行為に裁可を与え）われわれの同意なくして租税を課した」、という部分が一番大きな独立戦争の原因となったことは言うまでもない。重税や増税は国家の根幹を揺るがすような事態を生み出すことがあるのだ。

合理的な支配には経済基盤が不可欠である。国家は絶えず収支のやりくりに腐心せざるをえない。国民が公共サービスを受ける権利のみを主張し、その財源となる税金を納める義務を怠れば国家は破綻《はたん》する。ギリシャは現在その危機に瀕しているのだ。脱税の横行は、納税者に徴税システムへの信頼を失わせ、正直者の納税意欲を阻喪《そそう》させ、脱税をさらに増やすという悪循環を生む。納税なくして立国はない。「税」は「死」と同様、この世に生きる限り誰も逃れることはできない、いや逃れてはならない義務なのだ。

租税以外に、近代以前の国家が収入を得る手法として、貨幣鋳造への課税、あるいは貴金属の含有率を低下させ利益を稼ぐ「改鋳」があった。西欧だけでなく江戸時代の日本でも、改鋳は十数回も行われている。公債の発行も近代の発明物ではない。すでに一二世紀の都市国家ヴェネチアで「公債」、すなわち政府の借用証書が発行されているのだ。

宗教権力もお金との縁は深い。教会税、教会維持費、献金だけでは「神の家」の荘厳さは保てない。教会も収入の不足に苦しんだ。しかし教会法では利子授受が禁じられていたから、教皇庁は長く公債発行を控えざるをえなかった。だが教皇庁も時代の流れに勝てなかったと見える。一五二六年、フィレンツェのメディチ家出身の教皇クレメンス七世は、なんと年率一〇%で二〇万ダカット金貨分の公債証書を出したのである。新大陸・新航路発見による経済機会の拡大、宗教改革の嵐が吹きすさぶ中での信仰の自由への動きは、民間の経済活動の自由と相俟って、徐々に債権市場を形成しはじめるのである。

デモクラシーと国家債務

現在、日本は公的債務の国内総生産（GDP）比率で主要国トップになった。ギリシャ国債の暴落を契機とするユーロ危機も影響し、国債の累積は公信用（国の借入れ）の崩壊をもたらすのか、もたらすとすれば、どのような形で国家の衰退に至るのかという問題が注目されている。デモクラシーが国家債務の膨張をもたらす傾向は避けがたいのであろうか。

国債の発行は、課税、直接的な通貨創出（紙幣を印刷する）とともに、政府支出を調達するための主要手段のひとつである。国債発行は政府の「借入れ」という形で市中から通貨を吸い上げる。償還の時期まで国は利払いを続け、満期が来れば国債を買い取り、通貨を市中に戻す。また「公開市場操作」で中央銀行が国債を売買することによって、市中に出回る通貨量を変動させる金融政策の道具としての役割も担っている。

ヨーロッパの歴史を見ると、国債は主に戦費調達の手段として表舞台に登場している。特に、民主化が進み国民の要求が政治に反映されるにつれ、為政者は財源の不足分を、課税ではなく国債に頼るようになる。デモクラシーのもとでの増税がいかに困難かは、消費税率の引き上げをめぐって迷走する日本の政局を考えるまでもない。国民からすれば課税は一番避けてほしい財源調達方法なのである。戦費調達が目的とあればなおさらだ。

イギリスのケースを見てみよう。近代イギリスでは、他の欧州諸国ほど王侯が強い権力を持たず、大領地を所有する貴族の名家が富を基盤に議会を支配し、国内的な権力を振るっていた。軍隊は王が管轄していたが、軍隊の維持費と戦費の支出の認可は、議会の権限であった。アカウンタビリティー（accountability）は「王室は議会に対して会計（account）の説明責任がある」というのが本来の意味であった。こうした議会優位の統治構造は、戦費調達のための課税を困難にし、公債発行へと易きに流れる傾向を生み出した。

一七世紀ほどではなかったが、一八世紀のヨーロッパは、スペイン継承戦争（一七〇一～一四）で幕を開け、その後も幾多の戦争が続いた。これらすべての戦争の構図は英仏の対立であった。オーストリア継承戦争（一七四〇～四八）、七年戦争（一七五六～六三）、植民地戦争などのために、英国が支払った経済的な犠牲は極めて大きかった。七年戦争では英国はプロイセンにも財政支援を行ったから、その財政負担の過酷さは想像するに余りある。

本国の財政窮乏のため、先に触れたように、英国は米植民地への課税を強化せざるをえなくなる。加えて、ニューイングランドに大規模な軍隊を駐留させていたから、その費用もさらなる負担となった。本国からの重い課税に対して米植民地は激しく反発、独立戦争の末に英国は米植民地を失うことになる。戦費を長期国債で賄ってきた英国の名目国債残高は、一八世紀の半ばとナポレオン戦争が終焉した一八一〇年代後半を比べると一〇倍、約九億ポンドにまで膨れ上がった。

こうした戦争による国債の膨張は二〇世紀でも生じている。例えば米国の国債（連邦債）の名目残高は、第一次世界大戦に参戦した年の一九一七年と終戦後の一九一九年を比べると、約一〇億ドルから二六〇億ドルへと二五倍以上に膨張、第二次世界大戦前の一九四〇年と戦後の一九四六年の間にも、米国債は約四二〇億ドルから二七八〇億ドルへと七倍近く増加したのである。

ヒュームの議論

では国債の累積のどこに問題があるのだろうか。大量の軍事国債を発行し続けた一八世紀の英国の状況に対して鋭い考察を加えたヒュームの論考が参考になる（「公信用について」一七五二）。彼は、非常時の経費を処理するための公債について、「……後来の世代を支払い義務者にして手形を振り出す権限を政治家に与えるのは、放蕩《ほうとう》息子のためにロンドンのあらゆる銀行業者の店に信用を設けてやるのと、無思慮という点では、さして相違はない」と述べ、国債の危うさを指摘した。国債が通貨同様に流通することによって物価と労賃を上昇させ、利子支払いのために徴収される租税が貧民を圧迫し、国債の利子収入で非生産的な生活をする人々を支えることになるとして、国債の累積を危険視したのである。

このヒュームの議論は、現代経済学の観点からは狭量な原理原則主義に見える。赤字財政による公債発行が、（民間投資を圧迫しない限り）遊休資源の存在する経済を、一定期間にわたりある程度刺激し、活性化する働きがあるというA・ラーナーやケインズの見解が普及していなかった時代の経済学だからだ。しかしヒュームの「国債の累積が進むと公信用が崩壊する可能性がある」という説には、最近のギリシャの例を考えても傾聴すべき点が含まれている。

公信用の崩壊には三つのシナリオがあるとヒュームは考えた。ひとつは「医者がもとで死亡する」ケースである。公債は定額利子であるから、政府自身のインフレ政策や国債利子への課税で国債の魅力が減退すると、その結果、国債に買い手がつかなくなるという「死」が訪れる。

もう少し可能性が高いのは「自然死」だとヒュームは続ける。政府がもはや債務を履行することができず（いわゆるデフォルト）、国債が単なる紙キレと化してしまうのは、動物の身体が解体と崩壊に向かうのと同じ「自然さ」を持つとヒュームは見た。

しかし彼が最も恐れたのは「暴力死」である。国が債務累積で身動きがとれなくなり、戦争への意志や国家間の勢力均衡への関心を失い、やがては国も国債保有者も征服者のなすがままになり滅亡するような事態である。

こうしたヒュームの問題意識は、公債の発行が金融業に従事するものを繁栄させ、逆に中間層であり主要な納税者であった地主階級を没落させる可能性が大きいという見通しから生まれたものなのである。

ヒュームの強い影響を受けたといわれる哲学者カントも、晩年の著書『永遠平和のために』（一七九五）において国債を論じている。フランスとプロイセンが戦ったあとの「バーゼルの和議」が、戦争の真の予防につながるものではないとの認識に立って展開された平和への戦略論である。同書の冒頭で、国家間の永遠平和のための条件を掲げ、「国家の対外紛争にかんしては、いかなる国債も発行されてはならない」（宇都宮芳明訳）、国内経済のためならまだしも、国家権力が互いに競い合う道具としての国債は、「現世紀における一商業民族の巧妙な発明物」であり、戦争遂行のための危険な金力だと述べている。「一商業民族」とはもちろんイギリスのことである。

理想主義者カントは、永遠平和の実現には、「金力を断つ」ことが緊要だと考えた。だが戦争の形態も、戦費の中身も二〇〇年前とは全く様変わりしたのも事実だ。カントの議論を現代にそのまま結論部分だけ適用するのは無理だろう。

課税と自由の対立

ともあれ、「未償還国債の累積」と「国の衰退」との間の因果関係について現在のところ唯一正しい理論が存在するわけではない。国債も短期・長期、無利子のものまで多種多様であり、それぞれ金融上の機能と影響力は異なるから一般論は難しい。ヒュームの主張も無条件に成立するものではないから、どのタイプの「死」が、いつ訪れるのかを予想することもできない。いや、たとえ抜け目のない人間がそれを予測できたとしても、彼は自分の利益のためにのみその予測を用い、その理論を誰にも明かすことはないだろう。

ちなみに、一九六〇年の主要国の国債累積額のGNP比率を比べてみると、主要国のうち、当時、国債累積額が国民総生産（GNP）を超えているのは英国だけであった。財政学者J・ブキャナンは、高い国債累積額／GNP比率を示す国は、第二次世界大戦の戦勝国であったこと、比較的安定した政府を持っていること、そして経済的には、物価と金融システムが長期に比較的安定している点が共通すると指摘している。課税には、「恣意性」が常に付きまとうだけでなく、国民への権力の発動という側面が強い。したがって、「課税」は「自由」と対立しやすいのに対して、国債発行は、自由で比較的安定した政治と経済の国にのみ可能だというのだ。この点を、一九世紀の英国について当てはめると、ナポレオン戦争後の英国経済が、半世紀以上もの間、減債もなく、ほぼ同水準の巨額の名目国債残高を保ち続けたのは、政治が安定的に推移したことが大きかったということになる。

高度経済成長期以後の日本も、デモクラシーの通例通り、税よりも主に国債を選択してきた。積極財政が選挙民にしばしば歓迎された一方、大平正芳首相や中曽根康弘首相ですら、消費税導入表明後、激しい反対にあって撤回せざるをえなかった。そうした選択の責任はわれわれ国民にあることは言うまでもない。だからこそ、国債の累積を批判しつつ、同時に増税反対を叫ぶのは、両立しえない「二重思考」だということを認めることが必要なのだ。

ちなみに国債の日銀引き受けへの道を開き、積極財政で昭和恐慌を乗り切った高橋是清《これきよ》は、「日本のケインズ」として高い評価を受けている。確かに、不況脱出のための高橋の政策感覚の鋭さには驚くばかりであるが、その高橋も、赤字財政の楽観を戒める声明を出し（一九三五年七月二十六日）、閣議で公債漸減の必要性を強調している点（同年十一月二十六日）を忘れてはならない。国債発行による財源調達が長く続ける政策ではないことを高橋是清は知っていたのだ。

国債発行のタガを外したのは、高橋が暗殺された二・二六事件後に就任した馬場鍈一《えいいち》蔵相であった。一九三七年、日中戦争の勃発で軍事費は激増しはじめる。一九四五年の終戦までの戦費（臨時軍事費）は、日露戦争、満州事変と比べると約四〇〇倍、七五〇〇億円を優に超える額に達した。一九三九年以降は、戦費が全政府支出の三割を占めるほどになる。財源は租税と国債で調達された。馬場財政以降、発行された国債の民間消化はますます難しくなり、貯蓄奨励運動が展開され、預金をかき集める産業組合も国債消化機関と化していくのである。

ひとつの政策が似た病すべてに効くわけでもないし、ひとつの政策を徹底すれば、打開の道が開けるというものでもない。漸進主義と折衷主義も時には重要な薬となるということである。

第2章　中央銀行の責任
――なぜ「独立性」が重要なのか

金融政策の専門性

日本では憲法が規定する「租税法律主義」によって、税制も予算案も、民主的に選ばれた議員によって立法府で審議され法律となる。他方、金融政策は日銀の政策委員会で審議されて、決定・実施される。この政策委員会のメンバーは国民の選挙で選ばれているわけではない。財務省と日銀が金融に関する知識とすぐれた識見を持つ専門家を選び、国会の承認を受けるのだ。その点で金融政策は、現代デモクラシー国家において財政政策とは少し異なる位置を占める。

物価安定の舵取《かじと》りをする中央銀行にはなぜ独立性が求められているのか、政策目標にどう優先順位をつけるのか、外国為替市場や証券市場をいかに考慮するのか、そもそもなぜ中央銀行が必要となったのか。中央銀行成立の歴史に触れつつ、民主制社会におけるそのミッションについて考えよう。

税や補助金は、個人や企業の所得分配を直接変えるため、税制や補助金をめぐる政治の動きに国民は強い関心を向ける。しかし同じく国民の所得分配に影響を与える金融政策は、議会を経ずして決定・実施できるため、機動性は高いが、政策の最終的効果を見据えた分析は一般国民には近づきがたいところがある。

その効果がいつ、どのような形で現れるかは、専門家の間でも意見が分かれる場合がある。金利を下げても、設備投資が十分増えるかどうかは他の要因にも依存するから事前に正確に予測することは難しい。金融緩和を推し進めて効果がないと思っていたら、ある時点で突如インフレーションが勃発することもありうる。金融政策に「黄金律」があったとしても、それは健全な経済を実現する前提条件にはなりえても、それだけで健全な経済が実現されるというわけではない。したがって政策担当者には「石橋をたたいて渡る」以上の慎重さと忍耐が求められる。目前の自己利益にのみ関心を持つ者は、慎重な当局を「勇気がない」とそしることがある。しかし、軽々に判断しない勇気を時に求められるのが日本銀行の政策委員会なのだ。日本銀行という中央銀行はそもそもなぜ存在するのだろうか。

中央銀行の理論的根拠

中央銀行の思想的な支柱はどこに求められるのか。中央銀行にも、長い歴史の中から生まれ出たイングランド銀行、第一次世界大戦直前に創設された米国の連邦準備制度（FRS）、あるいは日本の日銀のように外国銀行をモデルとして法制度を整えて出発したケースなどいくつかの類型がある。

ちなみに、工業化のトップランナーであった英国と、後に述べるように連邦制度の中で銀行券整理を行った米国は、実に長い論争の中で次第に中央銀行の形を整えていった。しかしお国柄というべきか、英国と米国を歴史的に比較すると、英国は金利の規制、米国はむしろ信用の量的規制というように中央銀行の役割の重点の違いが認められるのは面白い。

英国の場合、一六九四年、当時最強を誇ったフランスの海軍に対抗するための軍事費調達を主目的としてイングランド銀行は設立されている。当初から政府に長期資金を貸し付ける公的な存在であったが、資本は民間から集めており、形の上では私営銀行であった。やがて銀行券を発行するようになるが、他にも民間の発券銀行は存在した。ナポレオン戦争後に金融恐慌が頻発したことを受け、銀行券の発行量を、銀行が保有する金の量に比例させるべきか（通貨主義）、裁量に任せるべきか（銀行主義）という論争（現代でも衣を変えた形でこの論争は続いている）に一応の決着をつけ、イングランド銀行の銀行券発行ルールを規定したのは「ピール銀行法」（一八四四）であった。通貨主義の原則を具体化し、英国に金本位制を定着させた法律である。ただその後もイングランド銀行が金融政策に責任を持つ特別な機関なのか、民間銀行のひとつにすぎないのかについては、当のイングランド銀行内部でも定まった位置づけはなされなかった。

その中央銀行としてのイングランド銀行に関して、初めての最も包括的な歴史的解釈を与えたのは、英国の『エコノミスト』紙編集長ウォルター・バジョット（一八二六～七七）の『ロンバード街』（一八七三）である。バジョットは若いころは自由経済論者であり、J・S・ミルの『経済学原理』（一八四八）が公刊されたとき、わずか二十二歳の若さで四〇ページを超す長文の讃辞と批判の交じった書評をものしている。ミルの「銀行主義」の影響もあったのか、彼は市場の調整機能をやみくもに信仰する空論家にはならなかった。特に通貨に関しては、レッセ－フェール（自由放任）の原理を無条件に適用するのではなく、金融システムは政府によって慎重に制御されるべきだと考えた。

バジョットの考え方

『ロンバード街』で体系的に展開されたバジョットの中央銀行論は、制度的な事実と心理的な事実という二つの柱から成り立っている。彼はまず、徐々に進化して生まれ出る制度というものに注目する。英国では多くの銀行が、それぞれの預金の中から払い戻しに備えて積む準備金をより大きな銀行へ預けることによって、現金準備の「ピラミッド」のような形で信用制度が形成された歴史がある。その歴史が、ひとつの「制度」としてのイングランド銀行を作り上げたのである。イングランド銀行がこの「ピラミッド」構造をなす預金準備の中心的な位置を占めるという制度的事実をバジョットは具体的に記述した。

今ひとつの柱は、必要な流動性（現金）が十分供給されうると人々が知って初めて銀行恐慌は回避しうるという人間心理である。そのためには「最後の貸し手」が存在しなければならない。ケインズはこの指摘こそが、バジョットの偉大な貢献であったと『エコノミック・ジャーナル』誌（一九一五）でレビューしている。ケインズは、バジョットを経済学者としてよりも心理学者として高く評価していたのである。

以上のような「制度」と「心理」をベースに、バジョットは、自由主義経済論が勢いを持っていた当時としてはいささか時代逆行的に、イングランド銀行は銀行業界の競争を勝ち抜いてきた単なる「同輩中の第一位」ではなく、公的責任を負った「特別の銀行」だと主張した。実際、金融危機において、イングランド銀行は普通の民間銀行のようには行動しなかっただけでなく、危機的状況にある他行を、積極的ではないにしろ支援してきたのだ。

こうした事実を重視したバジョットは、イングランド銀行は、発券銀行としてだけでなく、信用秩序の番人であり「最後の貸し手」となる位置を公的に認めるべきだと主張した。そうした公的ポジションを確立するには、中央銀行として十分な準備金を保有し、金利を公的に操作することによって通貨の海外流失を防ぎ、そして常に貸出しができる態勢にあることが必要であり、危機に際しても、ルール通りの融資条件でリスクに見合った（時には高い）金利を設定し、自由な貸付けを行うのがよいと論じたのである。

ちなみに、以上の「心理」と「制度」を分けて検討する手法は、バジョットの「英国憲法論」と重なり合っている。バジョットは、『イギリス憲政論』（一八六七）という名著も残している。彼はこの古典的作品の中でイギリスの憲政を冷徹に分析し、憲法の有効性の核心を「威厳を持った部分」と「機能する部分」の二つに分けて考察した。前者は、国民の感覚に訴えて、憲法に尊敬の念を喚起する演劇的要素、後者は、この国民の心情を利用して現実の統治を行う機能的な力である。彼はこの「二つの部分」が、君主、上院、下院、内閣において濃淡の差をもって存在することを明らかにした。

その内容には今立ち入らないが、興味深いのは、バジョットがイギリス人の議会政治への適性として、愚かさ（stupidity）を挙げていることである。人間の愚鈍なる性質は、天才の持つ精神の不安定に対する天与の安全弁になっているという。愚かさは、憲法の「威厳を持った部分」へ尊敬の念を生み出すだけでなく、移り気や激情から社会を守る常識的な力になると彼は考えていた。このバジョットの区別は傾聴に値する。憲法をめぐる議論は、どうしても「二つの部分」を混同するか、一方を完全に無視してしまいがちになるからだ。

中央銀行に関して同様な説明を与えているのは、中央銀行という存在自体にピラミッドの頂点にあるという「威厳を持った部分」と「最後の貸し手」としての流動性の供給という「機能する部分」の二つの働きがあると見たからであろう。

現代への教訓

現代の金融システムも、彼の議論から学ぶことは依然として多い。バジョットは、利子が持つリスク測定の機能を重視せよという。高い利子率は、劣悪なる投資へのペナルティー効果を持つため、利子をゼロに固定してしまうことは、貸出市場の融資先選別機能を奪ってしまうことになりかねない。また、短期金融市場が取引不全に陥らないように、中央銀行が民間金融機関に十分資金を供給することの重要性は、四年前のリーマン・ショック時の先進国の対応にも示されている。

バジョットは、恐慌時に中央銀行は積極的に融資すべきだと主張した。だがこれは不安の連鎖を断ち切るためであり、金融政策の成長促進効果を期待したからではない。「ゼロ金利」で投資意欲を刺激しようにも、デフレ気分が強く、インフレ期待（予測された物価上昇率）がマイナスであれば、想定されるより実質金利は低くはならない。むしろ劣悪な投資への資金需要を膨らませる懸念もある。現代ではデフレ時の金融政策の成長促進効果が過大評価されてはいないだろうか。しかし金融政策が常に（市中で資金がダブついているときでも）成長に対して強い威力を発揮すると信じ込んでいる人は、成長政策が行き詰まると、王子を叱れない教師が「王子の学友」を身代わりにムチ打つように、中央銀行の不作為を責めるのである。

独立性と「秘密主義」

金融市場は一般の理解と予想を超えるような反応を示すことがあるから専門家の判断が必要とされる。しかしその専門家の知識も完全ではない。さらに厄介なことは、どんな政策を選択しても必ず誰かの利害と衝突するという点だ。したがって専門性の尊重と民主的手続きのディレンマと緊張関係をどう緩和させるべきかという問題は避けられない。そこから日銀の「独立性」の議論が生まれる。だが独立性を高めるという場合、どこからの独立なのか。経済界、政治家、財務省からの独立だけではない。証券市場や為替市場の短期的な動きを盾にした各界からのプレッシャーも強まり、「独立性」の最大の根拠である長期的視野に立った信用制度の運営という公的目標を見失う恐れがある。したがって中央銀行の「独立性」という概念は、リベラル・デモクラシーの国家の中で画餅に帰すリスクが常に存在する。

中央銀行は金融現象のすべて、政策意図のすべてを事前に明らかにすることはできない。中央銀行の政策が事前にわかると、企業も株主も海外の投機家も、それに応じて行動を変えるからだ。デモクラシーにおける情報公開・透明性といっても、自ずとそこには限界がある。イングランド銀行も、かつてはその「秘密主義」を厳しく批判されたことがあった。私営銀行としての長い歴史が、「秘密主義」を払拭《ふっしょく》できなかったこともあろう。だが中央銀行としての「公的責任」ゆえの守秘義務もあったと想像される。

こう考えていくと、中央銀行が批判にさらされやすい理由の一端が明らかになる。金融政策には、物価安定だけでなく、成長、証券市場、外国為替市場など複数の目標があり、その政策手段も複数個ある。目標価値の相克、分配をめぐる争いのターゲットにさらされやすいのだ。

名著 *Central Banking After Bagehot*（『バジョット以後の中央銀行論』）を書いたR・S・セイヤーズの言うように、「中央銀行の行動に黄金律はない」。だからこそ、専門家が、選んだ手段や目標の結果により自分の地位が左右されないような環境が必要なのである。この環境こそが、中央銀行が政治的な圧力から自由であるという意味の「独立性」であろう。

この点に関して、戦時中の日本銀行が、政治からの独立性を失ってしまうという苦い経験を持ったことをわれわれは記憶しておく必要があろう。一八八二年に株式会社として設立された日銀は、第二次世界大戦中の一九四二年、日銀法制定で特殊法人となり、蔵相が銀行券の発行限度を決め、政府への無制限の無担保融資や国債の引き受けを規定、軍需融資の資金統制の金融機関として機能した。この政治と金融の一体化への反省から、戦後、政策委員会が設置（日銀内部に設けられてはいるが）されて、政治からの独立性と政府の指示権を最小限に留めるために一定の独立性が与えられた。日銀の最高意思決定機関である政策委員会は、一九四九年六月、GHQ（連合国軍総司令部）のもとでの「戦後民主化」の一環として、日本銀行法一部改正によって誕生したのである。日銀のガバナンス（統治）上の一大改革であった。

発券銀行はひとつだけか

政府への無制限の融資や国債引き受けで戦中の日本銀行は独立性を失った。国債引き受けによって日本銀行は紙幣を増発したのである。日銀だけがこの紙幣発行権を独占していたことは言うまでもない。確かに中央銀行は銀行の銀行であり、政府の銀行でもあり、貨幣発行権を有する唯一の金融機関だと教科書では教えられる。だが歴史的経緯と政治的意味はそれぞれ異なるが、紙幣を発行する機関が一国内に複数ある事例は昔もあったし、今もある。紙幣の発行権が政府に独占されていることの意味を、通貨価値の安定という側面から考えてみよう。

世界で「中央銀行」が最初に現れたのは英国であった。その英国が、実は極めて複雑な国であることは様々な側面に歴史的な痕跡《こんせき》が認められることから明らかである。その複雑さは、人間や国家の複雑さを克服しようとした英国人の知恵の結晶なのだろう。例えばサッカーのW杯では、英国から、イングランド、スコットランド、ウェールズ、北アイルランドと合計四つの代表が出場している。これは、英国がひとつの王国（kingdom）ではあるが、歴史的には四つの国民（nation）から成り立ってきたことを示している。英国の正式国名が、「グレート・ブリテン及び北アイルランド連合王国」（United Kingdom of Great Britain and Northern Ireland）と長いのもそのためである。国際試合に四チームも代表を送るのはフェアーでないように見えるが、それが歴史と伝統の強みなのだ。

英国がいかに複雑で、「割り切れない」構造の国であるのかはその通貨制度にも現れている。ロンドンなどイングランドの大都市ではほとんど見かけないが、スコットランドを旅すると、イングランド銀行以外に、スコットランド銀行、王立スコットランド銀行、クライズデール銀行が発行した紙幣にお目にかかる。スコットランドに本拠を置くこれら三行も立派な「発券銀行」なのだ。その紙幣には、スコットランド独立の勇士ブルース王（一四世紀）、詩人バーンズ、W・スコットが登場するが、エリザベス二世の肖像はない。スコットランド人アダム・スミスはスコットランドの銀行紙幣にもイングランド銀行の紙幣にも登場する。こうした事情は、英国の歴史と国内政治の複雑な構造をそのまま反映している。

香港の場合も興味深い。香港は一九九七年七月、英国から主権が委譲されて中国の「特別行政区」となった。筆者は最近、香港の大学に一週間ほど滞在し、特別行政区を持つ「一国二制度」の複雑さを再認識した。通貨も大陸中国の人民元は人気があるものの、一般にはほとんど流通していない。通貨単位は香港ドルであり、香港上海銀行（HSBC‐英国・香港系）、スタンダード・チャータード銀行（旧英植民地系）、中国銀行（香港）（中国系）の三つの商業銀行が発券銀行になっている。紙幣を凝視することは稀《まれ》だから、普段気づかないが、よく見るとサイズは同じ、色調も区別がつかないが、デザインが異なる。三行のうち紙幣の流通量が最も多いのはHSBCで、平均して総流通残高の約三分の二を占めている。

筆者の滞在中、香港歴史博物館で「香港貨幣」（Hong Kong Currency）というテーマの特設展示があったのは幸運であった。アヘン戦争以後の香港の歴史（日本統治時代も含め）が実によくわかる。貨幣を通して政治が読み取れるように様々な工夫がほどこされているのだ。

このように、ひとつの国や地域に発券銀行がいくつか存在する例はある。しかし、スコットランドのポンド、香港の香港ドルというように、いずれも用いられている通貨単位は同一であり、発行に関しては、発行額に見合った政府証券や外貨を準備することが必要とされている。香港の場合、発券銀行が発券する際、一定額の「米ドル」を外国為替基金に準備金として積み、その枠内で発券しており、規制なしに発行しているわけではない。インフレや取り付けが起こらないのは香港ドルの価値を基本的に米ドルに連動させてきたことに加え、香港上海銀行が事実上の中央銀行、「最後の貸し手」となって倒産した銀行を買収してきたからだ。

ハイエクの貨幣発行自由化論

それでもこうした事例は、政府による通貨発行権の独占を廃して、民間の自由な競争による発券を認めてもいいのではないか、という考えを生む。中央銀行の役割を論じたウォルター・バジョットが「子供じみた」領域として最後まで踏み込まなかった完全な「フリーバンキング」の世界である。この問題に長く関心を持ち続け、貨幣発行の政府独占に疑問を呈し、貨幣発行事業の自由化論を本格的に展開したのはフリードリヒ・ハイエク（一八九九〜一九九二）であった（『貨幣発行自由化論』）。

一九三〇年代、世界が金本位制という固定為替制度から離脱しはじめたとき、ハイエクは、固定レートという「タガ」を外してしまうと、各国政府は財政の膨張と政府債務の拡大によってインフレに走ると考え、なんらかの形の固定相場の維持続行を主張した。管理通貨制度のもとでは、自由社会にとって必要不可欠な「貨幣価値の安定」が保証されなくなり、インフレを阻止しようとする責任ある主体が経済から消えてしまうと考えたからである。さらに戦後も、ハイエクは大著『自由の条件』（一九六〇）の中で、貨幣発行権を政府が独占することによる「責任の不在」に疑義を差し挟んでいた。

しかしハイエクが貨幣発行自由化の理論的な手続きへの関心を強めたのは晩年のことであった。一九七〇年代の半ばから「政府から貨幣発行の独占権を奪い去り、自由発行にすればどうなるのか」という思考実験に入る。当時浮上していたヨーロッパ共通通貨導入への疑念が、ハイエクの問題意識を鮮明にしたといわれる。

ハイエクの貨幣供給の自由化は手続き的には二段階に分かれる。まず、国際的な通貨取引を完全に自由化する。各国が通貨規制を撤廃するとともに、国家間で通貨を自由に取引できる体制を整える。この段階では、通貨発行権はまだ政府が独占している。次が、政府が貨幣供給の独占権を放棄し、民間金融機関が通貨を自由かつ競争的に発行する段階である。

貨幣の発行を国の独占から解放することによって、どのようにして過剰な貨幣発行による信用の膨張（インフレーション）を食い止めることができるのか。ハイエクは、ある貨幣が激しい自由競争の中で生き残ることは、通貨価値の変動幅をできるだけ小さくすることによってのみ可能だと考え、概略次のような第二段階のルールを設定した。

通貨の発行者は、それぞれが固有の通貨の名称・単位を決定し、他の通貨との交換レートを公表して名目価値を決める。同じ名称で相互に交換可能な通貨の競争的な発行を許すと、その供給量を統制し、価値を安定的に保とうとする責任ある主体がいなくなる。これは欧州で、通貨に準じる役割を担う国債を、加盟各国が財政状態にかかわらず共通通貨ユーロ建てで発行できたことが危機を生み出した構図に似ている。

実質価値は、その通貨を特定の商品バスケット、例えば一定の貴金属や穀物などを組み合わせた商品バスケットの価値にリンクしたものが公表される。通貨発行者が、自己の通貨の発行に責任を持ち、銀行業務から利益を得るためには、自分の発行する通貨の実質価値の変動幅をできる限り小さくして価値を安定させなければならない。そのためには、公表される各通貨間の交換レートと自己の通貨の実質価値と名目価値の乖離《かいり》を刻々にらみながら、自己の責任で貨幣供給量を調整するのである。

ハイエクが自己の理論への確信を深めた背景には、一八世紀から一九世紀半ばにかけてのスコットランドでは、ほぼ完全な通貨の自由競争が行われていたという史実があった。このスコットランドのケースを研究したL・H・ホワイトは、「悪貨が良貨を駆逐する」というグレシャムの法則は働かなかった、偽造もほとんど起こらなかった、過剰発行も支払い停止もなかった、などの理由を挙げて、「最後の貸し手」のいないフリーバンキングの現実味を主張したのである。

理論と実際は別

だが理論（theory）と実際（practice）は別ものである。南北戦争前の米国のフリーバンキングの実情をいくつかの州について調べた歴史研究が、この苦い経験を教えてくれる。南北戦争までの四半世紀は、米国の金融界はいわばフリーバンキングの実験場と化していた（A・J・ロルニクとW・E・ウェーバーなど）。一八三八年にニューヨーク州で自由銀行法（Free Banking Act）が制定されてから、一八五〇年代までに多くの州がこの「ニューヨーク・モデル」を取り入れた。自由銀行法は、最低限の資本を持っていれば、銀行業へのエントリーが比較的容易であるだけでなく、自由銀行が発行した銀行券の全額分に対してある種の政府保証をつけ、銀行券所有者を保護していた。にもかかわらず、この時期には自由銀行の倒産が多く、銀行の経営期間も短く、銀行券の所有者は多大な損失を被ったのだ（もっとも、ロルニクとウェーバーの研究は、州により安定的な営業を行った自由銀行があったことも明らかにしている）。さらに南北戦争時に乱発された不換紙幣の整理が火急の問題となり、一八六三年二月、国法銀行法（National Bank Act）が僅差で上院を通過する。この法律によって米国内の多数の発券銀行は国法銀行としての規制を受け、財務省によって保証され印刷される「ナショナル・カレンシー」が徐々に定着していくのである。この過程は、貨幣と国家権力の統合の関係を示す重要な歴史事例であろう。

日本の明治維新期の紙幣整理の場合も参考になる。明治新政府は、歳入不足を補うために太政官札などを大量に発行し、紙幣寮（のちの大蔵省印刷局）は「紙屑問屋《かみくず》」と呼ばれた。伊藤博文は米国の財政金融制度を視察し、紙幣整理と近代的銀行制度の確立が急務だとし、米国のナショナル・バンク制度の導入を建議する。この伊藤の建議案に対して、イングランド銀行のような中央銀行を設立すべきだという強い異論も政府内部にはあった。しかし一八七二（明治五）年、米国をモデルとした有限責任の株式会社の「国立銀行条例」が制定される。設立者は、資本金の六割相当の政府紙幣を上納、引き換えに同額の公債証書を受領。これを抵当に国立銀行紙幣を受け取り発行することになった。残り四割は金などの正貨で払い込み、兌換《だかん》の準備とした。だが紙幣の流通が極度に不振に陥ったために七六年に金などとの交換義務を撤廃すると、七九年末までに約一五〇の国立銀行が乱立、紙幣発行高は激増し、インフレが加速する。

理論家・思想家ハイエクへの、筆者の尊敬の念は人後に落ちないつもりだ。しかし理論は所詮思考実験であり、その結論が現実の人間社会で「そのまま」通用すると考えるのは軽率のそしりをまぬかれない。香港やスコットランドの例は、ハイエク理論の実証例となっているわけではない。ましてや南北戦争前の米国の経験は、フリーバンキングにむしろ負のイメージを与えた歴史的ケースだといえよう。

すべての企業は社会に存在する以上、元来公的な存在だ。ただ、金融システムの主要な構成部分である銀行の場合、その倒産は経済全体を揺るがすため公共性の度合いは特に高い。したがって民間銀行を含む「決済システム」のデザインに政府が介入することは不可欠であり、ハイエク流の自由化論には無理がある。

だが、通貨が政府に管理されることの意味とインフレの危険性に対して、われわれが常に目覚めていなければならないことは確かだ。近年、自由銀行論を再評価するような理論研究・歴史研究も現れはじめている。電子マネーの普及はハイエクの構想を現実のものとする日が近いことを告げているという予言者もいる。欧州でユーロが動揺し、世界の多くの中央銀行に通貨の大量供給を迫る声が高まりつつある今、通貨価値を安定させる方法についてのハイエクの根源的な問題意識を見失ってはならないのである。

第3章　インフレーションの不安
――貨幣は正確には操作できない

所得と富の強制移転

成長する経済は、総供給が総需要の増大に追いつけず、インフレーション的な圧力を受けるのは歴史の示す通りだ。インフレは、忍び足で進むもの、加速するもの、速度や原因は様々だ。しかし所得と富の分配に大きな影響を及ぼすことには変わりない。二〇世紀に入り目立ちはじめたハイパーインフレは、国家秩序を破壊するほどの激烈な力を持つ。それを阻止する対策にはいまだ定説はない。しかし過去の事例から学びとれる点も少なくない。

日本経済は往時ほど調子が良くないが、失業率は他の先進諸国に比して低く、消費者物価指数や国内企業物価指数も著しく低下したわけではない。しかし日本社会は円高の進行もあり、デフレ的な気分に覆われている。よく比較される一九三〇年代初頭の昭和恐慌期は、失業者の増加だけでなく、当時の主要商品であったマユや生糸の価格が五割以上下落するという真のデフレであった。これほど価格調整（下落）が作動したデフレは歴史上そう多くはない。しかしデフレ的な気分が蔓延《まんえん》する現在の日本経済に、インフレの恐れが皆無かというと断言は難しい。銀行は良質な貸し出し先を見つけるのに苦労しているようだ。無価値になる恐れのない金（ゴールド）の価格はここ数年上昇気味だ。資産家の間では、低金利と高率のインフレへの警戒から外貨預金や不動産購入への関心が高まっている。

ハイパーインフレは歴史の教科書の中だけの話ではない。現代でも、一九七〇年代から九〇年代にかけて、ブラジルやアルゼンチンなどラテンアメリカ諸国で年一〇〇〇％を超えるインフレが発生している。一九九三年から九四年に起こったユーゴスラビアの例も異常の一語に尽きる。つい最近のアフリカ・ジンバブエの一〇の二一乗％を超えるハイパーインフレも、その実態が日本で報道された通りである。

一般にインフレは、政府が大量の紙幣を印刷して巨額の政府支出を調達し続けることによって発生する。見方を変えると、インフレの背景には減価していく通貨を保有する国民の犠牲において政府が利益を得るという構図がある。つまり国民から政府への「富の強制移転」があり、重い税金（インフレーション・タックス）を課すのと同じ効果を生むのだ。

インフレは、年金などの固定収入で生活する者や債権者に、巨大な損失と苦痛を与え、その富と所得の再配分効果は実に大きい。増税は避けたい。しかし増税を避けたために発行され続けた国債を、中央銀行が引き受けることによって通貨供給量の増加に歯止めがかからなくなるとインフレーションの自動運動が発生する。国民の所得と富が政府によって強制的に奪われ、増税よりもさらに悲惨な事態になるのだ。経済的な選択は、善か悪かの間ではなく、悪と「少しましな悪」の間の選択になることが多い。経済政策の意図と結果の間には、「善を欲して悪をなす」あるいは「悪を欲して善をなす」という喰い違いが生まれることもある。

インフレが加速するとき

インフレの分配への影響は大きく分けると、国民と政府の間の戦いという面と、家計部門と企業部門の分配問題という二つの側面がある。インフレは、進行の速度によって分配問題の性質が異なり、経済を「短期的に刺激して、長期的には麻痺《まひ》させる」という麻薬のような性質を見せる局面がある。インフレが穏やかであれば、賃金が上がり、場合によっては失業率も下がるので、経済状況が好転することがある。だが、合理的な人々は将来も物価が上昇していくと「予想」しがちであるから、インフレはペースを速め、「駆け足」に転ずる場合がある。このとき政策が引き締めに転ずると、失業率の上昇などの痛みが現れるため、もはや阻止することが難しくなる、といった困難な状況になりかねない。

また、賃金と物価がスパイラルを描いて上昇すると、インフレで損をしているのは、家計なのか企業なのかという問いが現れる。企業が純負債者だとすれば、名目値で同額の負債を、減価した貨幣で返却するわけだから、企業にとっての利益は大きい。預金という形で資金を借りている銀行が最も大きな負債者であるとすれば、銀行にとってインフレの恐怖は民間の非金融部門よりさらに小さいということになる。

インフレーションが加速する場合、そこには必ず「自己実現」的な予想のメカニズムが作動する。「そう思うからそうなる」というサイクルである。痒《かゆ》いので思わず搔《か》くが、搔くとさらに痒くなる、という悪循環にも似ている。実際、歴史的に見ると、貨幣供給量の増加率よりも物価上昇率の方が高いケースがほとんどであった。逆説的ではあるが、国民が「貨幣を持ちたくない」と思い、貨幣需要が極端に低下しているにもかかわらず、貨幣が不足しているかのごとき現象が社会を支配するのである。

紙幣印刷が過剰になり、そのためにインフレーションが悪性化してきているにもかかわらず、さらに印刷しないと追いつかないという奇妙な状況は、国民と政府の間の分配（課税）をめぐる戦争なのである。

ハイパーインフレの恐怖

ハイパーインフレーションは、戦争や革命といった国家権力にとっての非常事態を契機に発生する場合がある。一方で巨額の政府支出が必要であるにもかかわらず、国家の徴税機能が極端に弱まり、財政支出の大部分が紙幣増発によって賄われることになるからだ。国債が発行されても、資本市場が機能していないため市中で消化されず、結局中央銀行が引き受け手となり、銀行券の増発という形で通貨量が膨張するのだ。

戦争の場合、多くの生産設備が破壊され、国民経済の供給能力が低下しているところへ、終戦後、戦時中抑えられていた総需要の圧力が市場を襲うわけだから、諸価格が上昇するのは当然だ。しかし「なぜ価格が上昇し続けるのか」は、戦争だけでは説明できない。

ナチス台頭の一因としてしばしば語られる一九二二〜二三年のドイツのインフレは、戦争が終わって四年以上経ってから発生している。ドイツが第一次世界大戦に敗れて領土の一部と多くの工業資源を失い、賠償支払いも遅滞する中、フランス・ベルギー両軍は、現物支払い（一〇万本の電信柱）の停滞を理由に、一九二三年一月十一日、ドイツ工業の中心地のひとつ、ルール地方を占領する。連合国側がドイツに要求しようとした賠償額が不当・不公正、実行不可能なものであることは、ケインズが『平和の経済的帰結』（一九一九）で激しく批判していたが、関税権が極度に制約されているドイツが、賠償支払いを続けるための「大幅な輸出超過」を生み出すことはますます困難になった。ドイツ復興のための産業の供給ベースは、このルール占領によってその根本を最終的に奪われたのである。

その半年後の一九二三年六月までに、ドイツのマネーサプライ(通貨供給量)は大戦前に比べて二〇〇〇倍に増加したが、一般物価水準の上昇はすでに二万五〇〇〇倍を超えていた。この変化をドイツ国内の卸売物価指数で見ても、生計費指数で見ても、ほぼ同じ数字になる。ドイツ・マルクの対外的な購買力で見ると、一九一四年段階では一米ドルは四・二マルクであったが、一九二三年十一月には四・二×一〇の一二乗(一兆)マルクに跳ね上がっていた。この一兆分の一を超えるマルク下落は、一九二三年の後半期に加速したものであった。

ちなみに、ドイツに対して過酷な賠償を請求したヴェルサイユ条約とこのハイパーインフレの関係について、ケインズは次のような皮肉な見方をしている。第一次世界大戦中から下落しはじめたドイツ・マルクは、終戦後、外貨の必要が飛躍的に高まるとさらに減価した。だが、いつかは戦前の水準に戻ると読んだ外国の投資家たちは、投機目的でマルク預金をし、マルク債も大量に購入する。ドイツが外国にマルク資産を売って得た総額四億ポンドは、食料や工業原料の輸入に向けられた。しかし一九二三年のハイパーインフレでマルクは紙クズとなる。ケインズは、外国人投資家の巨額の損失を、連合国側の過酷な賠償請求が結果としてもたらしたドイツへの意図せぬ「贈り物」だったと皮肉っている。連合国側がドイツから搾り取った額より、この「贈り物」の方が大きかったのだ。

ドイツのハイパーインフレを終焉させるには「通貨改革」という政治判断を必要とした。一九二三年十一月、ドイツ政府は、全産業の保有資産を担保とするレンテン銀行券を、一レンテン・マルク＝一兆旧マルクの比率で回収に用い、その発行額に上限を設定した。この政策によってドイツのハイパーインフレは終焉する。いわゆる「レンテン・マルクの奇蹟」である。

ただこの驚異的なインフレの終焉は、「通貨改革」だけによるものではなかった。紙幣発行による赤字財政を停止し、国債を中央銀行が引き受けないという政府の断固たる決意が国民の間に十分浸透したからこそ、ハイパーインフレは止まったのだ。

第二次世界大戦直後のハンガリー

ドイツよりもひどかったハンガリーの戦後インフレ（一九四五年八月から一九四六年七月）は、ソ連影響下の政府が、財政収入確保のために故意にハイパーインフレを作り出したという説もある。物価上昇が最も加速した一九四六年七月には、一日で価格は平均三倍になった。

通貨ペンゴとは別に、税と郵便のためのアドペンゴという通貨単位が導入されていた。一九四六年一月一日に一アドペンゴは一ペンゴであったが、同年七月には二×一〇の二一乗ペンゴとなった。先のドイツの場合、価格が二倍になるには、一九二三年十月で三・七日かかったが、ハンガリーの場合、一九四六年七月ではわずか一五時間だったという。

ハンガリーはヒトラー・ドイツの同盟・衛星国として、対ソ戦争に協力したため、戦後ソ連共産党の過酷な支配に屈せねばならなかった。ソ連占領下での一九四五年末の「自由選挙」のあと、ソ連政府が様々な混乱を引き起こそうと画策したことは十分推測できる。近年、歴史家の中には、このハイパーインフレはマルキストの専門家がハンガリーの中産階級と上流階級を崩壊させるために意図的に引き起こしたと論じるものがいる。ハンガリーは敗戦によって紙幣印刷の機械設備を失ったため、東ドイツとソ連軍が主に紙幣印刷を行っていたという事実に注目するのだ。この説が正しいとすれば、「国家を破壊するには、その貨幣制度を破壊すればよい」と言ったレーニンの言葉を地で行ったことになる。

貨幣の実質価値の安定性は、統治への信頼度のバロメーターである。貨幣は基本的には負債証であるから、債務者（政府）の返済能力（信用）が常に問題となる。インフレーション（特にハイパーインフレ）は、統治への信頼を損ね、デモクラシーを背負う健全な安定した中産階級の富を棄損し、社会の不安定化を招きかねないという点でも、心して警戒しなければならないのだ。

マネーの定義の難しさ

これまでの説明で用いた「マネーサプライ」というマクロ経済の集計量は、通貨の発行主体である中央政府と金融機関以外の経済主体が保有する通貨の総計を意味している。しかし実際には、通貨としての機能を持つ様々な金融商品が市場で創出されているため、通貨とその発行主体の範囲を一意的に確定することは難しい。にもかかわらず、一般に政策論議の中で、マネーサプライ、あるいはマネーストック（通貨残高）を「増加させる」とか、「一定の率で増加させる」といった、「正確な制御の可能性」を暗に示すような表現に出会う。マネーサプライはどう定義され、どう測定されるのだろうか。

貨幣論のテキストでは、貨幣とは、勘定の基準単位（円とかドル）で測られ、その単位で表された負債を、確実性をもって返済できる極めて流動的な資産、と定義されている。この定義自体に含まれる「確実性をもって」とか「極めて」という言葉が示すように、どの資産が貨幣たりうるかは「程度」の問題とならざるをえない。かつてハイエクは、「貨幣」を名詞として用いることは難しいが、「貨幣的」という形容詞に関する理解は意外に共通するものがあると述べた。人間の「本質」が曖昧なままであっても、「人間的」（human）という言葉が普通に用いられるのと似ている。

貨幣が正確無比に定義できないとすれば、なぜ貨幣を量として表現できるのか、その貨幣の量はそもそも操作できるのか、正確に操作できないとなると、先に述べたように貨幣と信用の制度が崩壊しないように制御することは時に至難の業となる。

日本の公式統計では、現金通貨（日本銀行券、補助的な機能を持つ金属貨幣〔コイン〕、その他の紙幣に準ずるもの）の他、引き出し自由な要求払い預金（当座預金）、定期預金、外貨預金、譲渡性預金（CD）の総計、いわゆるM2＋CDを代表的なマネーサプライの指標として用いてきた。しかし二〇〇八年五月からM3という新たな指標を用い、名称を「マネーストック統計」としている。貨幣と貨幣類似資産（いわゆる準貨幣）の間には〝貨幣性〟の濃淡のある多くの資産が並んでいるのだ。そして時代により国により、その濃淡の幅が異なっている。マネーサプライの統計の中にどのような流動資産が含まれるのかは、国によって微妙な違いがあるのだ。

半世紀前、「マルクス経済学」が日本の大学で主流であった筆者の学生時代、わかりやすいモダン・エコノミックスのテキストは近年のように多くはなかった。それでも当時、P・サムエルソン『経済学』を英語で読み、次にJ・R・ヒックス『価値と資本』と格闘するというのが、いわゆる「近代経済学」の勉強法であった。筆者はそのサムエルソンのテキスト文中に、near moneyという単語が出てきて戸惑ったことをはっきり覚えている。現実の生活で収入を得て経済生活を営んでいない大学生にこうした経済学の概念や用語がわかるはずはない。金融の問題を現実の生活の中で少しずつ知るにつけ、この near money（quasi-money）は準貨幣と訳され、流動性の高い（現金通貨に容易に換えることができる）金融資産一般（例えば政府短期証券など）を意味することがわかった。これは人々が財・サービスと交換にこの貨幣を受け取るだろう、という信認が存在する資産であり、そのためには貨幣の価値（購買力）が十分に安定していることが必要なのである。

しかしこうした性質は、先にも述べたようにかなり相対的なものである。通常この意味で最も流動的なのは、その国の中央銀行の紙幣や財務省の補助貨幣、あるいは商業銀行の要求払い預金（当座預金）などの負債（持ち手から見ると資産）である。しかしこの「量」として一意的に表現できない通貨量を連続的に変化させ、意図的に操作することができるのかという点が問題となる。

ハイエクの警告

貨幣と非貨幣が截然《せつぜん》と区別できないとすれば、それを社会的総量として正確にコントロールすることは難しい。この点に関する見解の相違が、ケインジアン、マネタリスト、オーストリア学派の貨幣論を区別するひとつの重要なポイントとなる。

C・メンガーやハイエクに代表されるオーストリア学派は、貨幣は自生的に発展した社会制度であって、政府が完全にコントロールすることは不可能だと考える。この点でハイエクは、ケインズともミルトン・フリードマン（一九一二〜二〇〇六）とも完全に袂《たもと》を分かっている。政策介入によって利子構造にゆがみが発生して、景気変動が起こることがある。ケインズ政策は、こうした景気変動を利子率や物価水準といった「統計的集計量」の変動としてのみ捉えるところに、概念実在論的な誤りがあるとハイエクは考える。ケインズ政策の推進者は、集計量や平均値が現実の経済の質的な構造を隠していることを無視しているというのだ。

ハイエクはフリードマン流のマネタリズムに対しても、「貨幣供給量のコントロール」という点で異を唱えている。マネタリズムは「貨幣供給量」という実体のない集計量を安定化できると考え、経済を外的に与えられた対象物として制御しようとする。しかしハイエクは、先に述べた貨幣の「形容詞的」性質から考えて、それを正確に制御することは不可能だと見ている。貨幣供給量をフリードマンが主張するように一定率（例えば三％）に制御するということはできず、現代の民主制社会ではいかなる政府もその行動の中立性を保持することはできないとハイエクは考える。

「貨幣供給量のコントロール」は、貨幣の定義自体に一片の曖昧さもなく、人間の経済生活を正確無比にモデル化し測定できる場合にのみ可能なのである。ケインズもフリードマンもその点を考慮せず、貨幣は定義でき、それを総量として制御できると想定している。

準貨幣を創造する機関は政府の他にも数多くあり、そのすべてを政策の名において正確に制御することはできない。企業間、個人間、金融仲介機関等の信用が〝貨幣的〟な負債関係を生み出してしまうから、政府がその総量を正確に動かすことはできないのだ。

多くの経済学者を含めて多数の人々が、マイルド・インフレーションに害はない、むしろ有益ですらあると考えているが、ハイエクは、このような考えこそ非常に危険なのだといという。というのは、金融政策がマイルド・インフレーションによって生み出した経済活動を維持するためには、インフレ率を加速しなければならない。そしてその時々に支配的であるインフレ率が予想されるようになるたびに、金融政策はますます高い率でインフレーションを加速していかねばならない、と。

事実、先に触れたドイツのハイパーインフレの場合、この悪循環が生まれ、それをさらに悪化させるような選択がなされた。緊急通貨（Notgeld）の供給である。実に四〇〇〇種以上の緊急紙幣が額面総額で一〇の二一乗マルク分、発行されたと推定されている。この膨大な量の紙幣供給が、一九二三年の最終的なマルク破壊に決定的な役割を演じた。緊急通貨は、硬貨の不足を補うために第一次世界大戦中から発行されていた。特に貴金属が戦争のために供出されはじめたこともあって、この代用紙幣は重要な働きを担うことになる。戦争が終わった一九一八年以降も、市当局、企業、個人は、戦時中の経験を生かして「自分たちの貨幣」を印刷しはじめたのである。この時期の貨幣価値が見る見る低下していく様子は、緊急紙幣のひとつに次のように印刷されていることからもわかる。「もし石炭の価格が上昇し続けるのなら、この五〇万マルクの緊急紙幣は、支払いのために使うよりは燃料として使う方が価値がある」と。

中央銀行券の発行でなければ、悪貨の増発という形をとる。倒壊寸前の江戸幕府は四文銭を鉄で作り、無条件降伏前の日本政府は、粘土と長石を主原料にして陶製の貨幣を京都、瀬戸、有田で作った（敗戦による連合国軍の占領で陶貨は実際には使用されなかったが）。

インフレではなくて、デフレの場合にも政府への信任に何か影響が現れるのだろうか。理論的にはともかく、現実の経済現象として、インフレとデフレは決してシンメトリックな関係にあるわけではないが、参考になる点はある。デフレはインフレとは逆に、人々の選択をモノから貨幣へとシフトさせる。その結果、貨幣の流通速度が極端に低下する。したがってミクロ経済主体のコスト削減の努力を引き出す政策だけでは、デフレ脱却の方策は見えてこない。むしろ貨幣を保蔵することなく、できるかぎりモノの購入へとつながる政策が求められることは言うまでもない。

デフレが悪化すると、政府への信任が失われてくるのは、インフレの悪化と同様である。価格の異常な上昇も、数量の異常な収縮（有休資源の増加）も、その論理は異なるものの、統治への信任の低下という点では同様の影響力を持つ。現在の日本がそのような段階にあるとは思えないが、極端なデフレも政府の権力基盤にとってはもちろん望ましくない。

自己実現的期待という罠

最後にインフレが加速するときに働く、「自己実現的期待」（self-fulfilling expectations）のメカニズムについて説明しておこう。このメカニズムは、社会現象として多くの事象の中に認められるから、その重要性は強調してもしすぎることはない。社会現象、経済現象の多くは、人間の心理、特に「集団心理」が生み出す独特の論理に支配されることがあるのだ。

人間の経済行動は心理的な要因に大きく左右されるにもかかわらず、経済学はこの自明の事実に対して少し冷淡な時代が戦後長く続いた。しかし、将来への予想や期待（expectations）がどのようにして形成されるのか、その期待がいかに人間の行動に影響を与えるのか、といった心理的要因の研究が近年経済学で新たな展開を見せはじめている。こうした研究の中には、本家（元祖？）にあたる心理学から基本アイディアを拝借してきたものもある。その例として、少し生硬《せいこう》な用語であるが「自己実現的期待」と呼ばれる現象がある。あるタイプの「期待」が困った社会状況を生み出すケースである。

身近な例を挙げておこう。近年、会社の人事の採用担当者が異口同音に漏らすのは、女性が元気で、入社試験でも成績がいいということだ。しかし入社後の職場での処遇に、女性従業員が満足しているかというとそうでもない。「男性社員はやりがいのある仕事が与えられるのに、私にはチャンスが与えられない。将来のキャリア形成につながるような仕事をさせてくれない」と。他方、使用者側である企業の人事も女性従業員に対して不満を持つ。「職場で費用を投入し訓練しても、数年経つと辞めてしまう人が多いので、（将来のキャリア形成につながる仕事への）訓練投資の費用が無駄になる」と反論する。

ここに奇妙な悪循環が存在する。女性社員は「人事がキャリア形成につながる仕事をさせてくれないから、離職する」と主張する。他方、人事は、「女性はすぐ離職するから、キャリア形成につながる仕事に就かせられない」という。人事は、女性の予想通りに、キャリアにつながる仕事を与えず、女性社員の予想（期待）の正しさを証明してしまう。一方女性は、人事部の反論を裏書するように数年で離職して、その予想の正しさを実証する。お互いに、「そう思うから、そうなる」という状況に陥ってしまっているのだ。

この「自己実現的期待」の悪循環の罠から抜け出すにはどうすればよいのか。「雇用の分野における男女の均等な機会及び待遇の確保等に関する法律」（いわゆる「男女雇用機会均等法」）によって差別されているものを守る法整備はもちろん不可欠である。しかし離職されることによって、すでに投下された訓練投資の費用を企業が回収できないことの損失は大きい。したがって法に触れないような雇用管理法の案出に企業は智恵を絞らざるをえなかったのが実情だろう。

最近は、大卒男子と女子の「入職後三年以内の離職率」の差は昔より狭まってきた。つまり女性社員の定着度が高まってきたのである。「女性はすぐには辞めない」という実績を近年積み重ねてきたからこそ、女性のキャリアルートへの登用も進みはじめたという面は無視できない。

「そう思うから、そうなる」の悪循環によって、社会が好ましくない状況に陥る例は多い。しかし、自己実現的期待が逆に好循環を生むケースもある。バーナード・ショウの戯曲『ピグマリオン』（映画『マイ・フェア・レディ』の原作）の主人公イライザは、「花売り娘としてではなく、レディとして扱ってくれるから、私はあなたの前でレディでいられる」と言っている。魔女（すなわち自分自身の内面の投影）の予言の罠にはまり、その本性を実現する『マクベス』はじめ、文学には、この「自己実現的期待」を扱った作品は多い。心理学より文学がこのアイディアの元祖というべきだろう。

いずれにせよ、「将来価格がもっと上昇する」と人々が予想するとき、本当に価格上昇が加速するという現象は、「自己実現的期待」の典型例である。こうした罠からソフト・ランディングで抜け出ることは難しい。

第Ⅱ部　平等と偶然

文明社会の制度や慣習には様々な由来がある。人間の知識、心理や行動の不確かさ、首尾一貫性のなさを矯正しようとするものも多く見られる。また人間を取り巻く外的環境の変化の不確かさに対処するためのシステムや制度もある。以下の五つの章では、人間の不確実性に「賭ける」という行為、不運や偶然から生まれる貧困、あるいは知識にはなぜ公共性があるのか、倫理に習慣という要素がなぜ必要なのか、などを論じ、経済学の「文法」でどこまでこうした制度や慣習が解釈できるのかを考える。自由で平等な文明社会では、人間の知識の不完全性（あるいは偶然）への対応法をどの程度、制度として組み込んでいるのかを検討する。

第4章　不確実性と投資

――「賭ける」ことの意味

意識するしないにかかわらず、われわれの日常生活は、十分に予測できない将来に向かって営まれている。日々の生活のための買い物（消費行動）も、一生に一度あるかないかの不動産の売買も、その将来の価格の動き、取引の対象となる商品の質などに関する情報を完全に知りえないまま、行動に移す場合がほとんどである。いや、将来を完全に知りえないからこそ、「決断し行動する」という方が正しいのかもしれない。自分の知識がいかに不完全なものであるかを、それほど実感せずにわれわれは行動しているのだ。社会制度には、こうした人間の知識の不完全性への「対抗措置」として作り上げられた（生まれた）ものが多い。したがって一見不合理に見える制度や慣行も、人間がその知識の不完全性を補いつつ、できうる限り合理的に対処できるように編み出されているのだ。
「合理的」だと思い込んでいる人間は、可能な限りの情報を集めて将来の市場の動きを予想して判断を下そうとする。しかしその結果は必ずしも予測と一致するわけではない。われわれはこの知識の不完全性が生み出すリスクと不確実性（uncertainty）に囲まれて行動しているのだ。

哲人ナイトの貢献

いま「リスク」と「不確実性」という言葉を用いたが、経済学ではこの二つを区別して用いる。この区別の理論的な意味合いを初めて明らかにしたのは、アメリカの経済学者フランク・ナイトの『リスク・不確実性および利潤』（*Risk, Uncertainty and Profit*）（一九二一）であった。ちなみにナイトはのちに述べるように、自由社会をその根本では擁護しつつ、その「負の側面」にも目を向け、現代の市場社会に懐疑的な姿勢を保つ「知性」の重要性を指摘した社会哲学者でもあった。この二〇世紀の哲人、ナイトの経済学における貢献についてまず説明を加えておきたい。

アメリカ中西部出身のナイトは、化学とドイツ文学を学んだあと、大学院で経済学の研究に入った。古典的名著『リスク・不確実性および利潤』は、彼が一九一六年にコーネル大学に提出した博士論文である。マックス・ウェーバー（一八六四〜一九二〇）の『一般社会経済史要論』を英訳し、「巨大なトルソー」といわれるウェーバーの社会学を英語圏に紹介したひとりでもあった。「アメリカ中西部の出身」という出自と「シカゴ大学で教育と研究に従事した」というキャリアが、彼の経済学を中央の政治と東部エスタブリッシュメントから自由で、かつ経済学の流行に巻き込まれない懐疑的な姿勢を貫くものにしたと筆者は考える。

経済学のシカゴ学派といえば、ミルトン・フリードマン（一九一二〜二〇〇六）を中心に、規制緩和や小さな政府を唱える「新自由主義」の牙城《がじょう》として知られる。同大で長年教鞭《きょうべん》をとったナイトは、フリードマンらを育てた同学派の始祖のひとりでもある。しかし（経済学の）シカゴ学派といっても、決して一枚岩ではなく、J・ヴァイナー、H・サイモンズ、G・スティグラーなど、その理論も思想も極めて多様であったことは、むしろシカゴ大学の自由な「多事争論」の雰囲気を示していたといえよう。

ナイトの唯一の体系的な経済理論書、『リスク・不確実性および利潤』は、社会主義が広がりつつあった二〇世紀初頭にあって、単なる経済学説における概念史ではなく、地に足をつけて自由経済社会を擁護しようとした著作という側面を持つ。それは「完全競争下でなぜ利潤が発生するのか」という問いに対する答えを準備するものでもあった。

リスクと不確実性

この問いに対してナイトは次のような独自の洞察を加える。経済活動は、予期せぬ事態に日々適切に対応していくという側面がある。そしてこの予期せぬ事態には二種類あるという。「リスク」と「不確実性」だ。「リスク」は、人間の知識の不完全性に起因しているが、その事象が生起する客観的な確率分布がわかっている事象に適用する概念である。サイコロの一の目の出る確率が六分の一だとか、人間の男女の平均余命が年齢ごとに計算できる、交通事故の起こる割合が統計的にわかるといったように「確率計算が適用できる事象」を指す。客観的確率分布（相対的な頻度）が既知であれば、そうしたリスクには保険システムで対応できる。例えば、「生命表」によって人間の特性（性、年齢など）ごとの生命保険をデザインして、保険料と保険金を算出することはその例である。こうした合理的計算によって生命保険会社の経営は成り立っているのだ。

それに対して「不確実性」は、前例や経験の蓄積がないために客観的な確率分布を知りえない事象で、主観的に推定するしかない事象にまつわるものだ。企業がある新技術を体化した機械設備を購入（投資）する場合、その新機械がいかなる将来収益をもたらしてくれるのかは、その企業の製品の市場需要の将来によるから、確実性が保証されていないばかりか、その収益の確率分布がわかっているわけでもない。まさに不確実性のもとでの意思決定ということになる。その後の確率論や意思決定論の発展によって、ナイトのこの二分法の明断さ《めいせき》は若干弱まってはいる。しかし、「決断する」という言葉が意味を持つ以上、その決断の内容に「不確実性」が存在していることは否定できない。

競争が「完全であれば」、多くの企業がその市場に参入し利潤は低下し、やがてはゼロの水準に落ち着くと考えられる。にもかかわらず、競争的な自由主義企業体制のもとで、なぜ利潤が存在するのか。ナイトは、企業活動には不確実性が付随していることに注目して、例えば投資環境の不確実性に果敢に企業家が賭けるからこそ、利潤は持続的に存在しうると論じたのである。利潤は「不確実性」に対処した企業家への報酬であると捉えたのだ。

人間の知識の不完全性から生まれる「リスク」と「不確実性」という二つの概念をナイトは明確に区別し、自由経済における「利潤」は、リスクではなく不確実性に賭けることから生まれると考えた。可能な限りの情報を集めても、依然として残る不確実な状況において、企業家は「確実な費用」を投下し、「不確実な将来収益」を予想し、その投資が「見合うものか否か」のゲームに参加しなければならない。こうしたゲームによって活力を生み出す自由経済の方が、不確実性を排して（つまり、存在しないと仮定して）理性による計画経済を進める社会主義より、結果としてより多くの可能性を人間社会から引き出すことができると考えたのである。

不確実性に賭ける

経済学では、投資は、「不確実な将来の収益を期待しつつ、現時点で確実な額の費用を投下すること」を意味する。ただし、この「投資」という言葉は、日常の言葉とは意味が少しずれていることにも注意しておきたい。株式や債券を買うとき、「投資した」と表現することもあるが、これは国民経済全体から見れば、売買によって資産の所有権が移転しただけであって、資本形成としての投資ではない。経済学的には、あくまでも実物資産の増加、つまり資本形成がなされた分を投資と呼ぶのである。

われわれの生活は様々な不確実性やリスクのもとで営まれているから、利益を求めつつ不確実な将来に「賭ける」という行為は人間と切り離せない。経済成長の重要な動因である投資は、将来の売れ行きを予想し、新技術を体化した新しい機械設備を購入することによってなされる。この「賭け」は、何かを生み出すという意味で生産的だ。投資なしには経済は成長しない。

さらに、新しい機械設備を購入するというケースだけではなく、高等教育を受ける、新天地を求めて移住をする、といった行動は、先に触れた「今確定したコストを投下して、将来収入の増加に賭ける（期待する）」という投資の定義に一致する。教育支出や新天地での成功を求める移住のための支出は経済学的「投資」行動とみなされてもよいのだが、国民経済計算の統計（いわゆるGDP統計）ではこれらの支出（教育費、移動費）は消費支出に算入されている。企業の資産としても「人的資本」は確かに資産なのに、企業会計的には貸借対照表の資産項目には入らない。その企業がどのような人材を抱えているか、どれほど優秀な技術者集団がいるのかは、企業の持つ資産の価値を決める重要な要素であるにもかかわらず、資産として計算されないのだ。

ともあれ、投資には「賭ける」という要素が存在し、賭けるからこそ、賭けに勝ったものへの報酬が存在する。しかし株式や債券の売買は「投機」的な要素が強くなる。「投機」は将来売るために買う、将来買い戻すために高いうちに売り逃げる、などを目的とする取引である。金融危機の元凶だとされることのある「投機」は、価格変化による利益を期待して商品や債券を購入することを指している。このように経済学では、後日再販売（または再購入）する見込みのもとで商品や証券を購入（または販売）することを「投機」と呼んでいる。売るために買う、買うために売るという投機は、生産的には見えないが、価格の平準化（裁定）に多くの場合貢献する。こうした売買の価格差で得た所得、「キャピタル・ゲイン」は、GDP（国内総生産）には含まれない。

賭博と人間

ちなみに、賭け事はどうだろうか。一般に、人間は射幸心《しゃこうしん》を煽《あお》られると精神のバランスを失う。平常心を失った人間は「ほどほど」を知ることができなくなる。勝負事で軽く賭けて、この事実を痛感させられた人は多いだろう。こうした人間の弱さの問題を超えて、賭け事が経済生活、いや人間の「生」そのものに深くかかわっていることを改めて想起させられることは多い。

「賭け」「博打《ばくち》」「ギャンブル」には様々な種類がある。博打というと、いかがわしさが払拭できないが、「賭ける」という言葉には時としてプラスのイメージがある。経済的な利益についても、未知の世界へと冒険的な事業に打って出ることは、昔から英雄視されてきたのである。賭けは、娯楽、ちょっとした罪の意識（minor vice）、巨大産業、犯罪組織の参入など、実に様々な側面を持つ。

賭け事には、全くの「偶然」に賭ける場合（サイコロ、宝くじ）と、賭ける人間のスキルが勝敗に影響する場合（マージャンはその典型）がある。両者の線引きは難しいが、それぞれ倫理的・法的に許容されうる根拠と範囲が違ってくる。例えば、後者の中でも、まだ運の要素が強いマージャンでの賭けは、遊び程度のものなら許されるという気持ちがある。しかし、将棋や碁で賭けるのは「道を踏み外した」という感じが強い。これは、人間のスキルが影響する勝負事に金銭を賭ける色が濃く、「運」に賭ける要素が少ないからであろう。

日本では、刑法185条で、「賭博《とばく》をした者は、50万円以下の罰金又は科料に処する。ただし、一時の娯楽に供する物を賭けたにとどまるときは、この限りでない」と規定されており、「偶然の事情にかかっている結果に関し財物を賭けること」は法律で禁じられている。「富くじ」（刑法187条）も処罰の対象になっている。

にもかかわらず、説明がつきにくいのは、ある種の賭博が「公営ギャンブル」となっていることだ。この公営のもの（競馬、競艇、競輪、オートレース）は、農水省、経産省などそれぞれ監督官庁の税収の一部をなす。しかしパチンコは抜群の売り上げを誇る「ギャンブル」だが、公営ではないため、それほどの税収源にはなっていないといわれる。この違いはよく考えると不思議だ。さらに言えば、のちに論ずる株式の売買もギャンブル的な要素が強い。これを「賭博」とは呼ばず、その違法性を問題にしないのはなぜかと問われても、説得的な答えを与えることは難しい。むしろこの問いはある種のタブーのように思われている。

違法賭博は論外だが、投資が経済を豊かにしてきたように、何かに「賭ける」という精神は人間生活に必要なことがある。人生と宗教に関して、人間誰しも不確実な世界で無意識の「賭け」を行っているともいえるのだ。この問題を、一七世紀のフランスの天才ブレーズ・パスカルが『パンセ』（「賭けの必要性について」）の中で鋭く提示しているのは面白い。偶然性が人間の知識の不完全性から生まれる「予測できないこと」の別表現であるとすれば、「神のわざ」として、籤《くじ》を用いて神の意思を問うことは信仰のあかしとも考えられる。実際、『民数記』（二六〜五五）では、モーセがカナーンの地をイスラエルの民に（人数の多い部族と少ない部族の間で）「籤」によって分配するくだりが記されている。

保険の役割と問題

先に、客観的な確率分布がわかっている事柄に関しては、保険で対処できると述べた。確かに、健康も命も、自動車事故も、火災も、失ったものを一部保証する制度として、現代社会では、保険システムが機能している。しかし保険制度もはじめから万全なわけではなかった。保険システムはいくつかの逸脱行為を生み出してきている。そうした不都合の代表的なケースが、モラルハザード（moral hazard）と逆選別（adverse selection）という現象である。

モラルハザードは、保険に加入することによって、人の行動が保険会社の負担を増やす方向へと変化する現象を指す。健康保険に加入すると、健康への配慮や病の予防習慣がなおざりになる、自動車保険に入ると、運転が多少荒っぽくなるといった心の変化である。金融界でも、こうした傾向があることが指摘される。例えば、銀行が「不良債権が累積しても、最終的には公的資金の注入がある」と考えれば、貸付の慎重さが低下するといった場合である。

逆選別も元来保険理論で使われた言葉であり、保険を契約しようとする人が、保険会社にとっての負担を増やす確率の高いハイリスク・グループに偏ってしまう現象を指している。病気がちな人、自動車事故を起こしやすい人などが保険に多数加入するようになると、保険会社の保険金支払いが多くなり、経営のために保険料を上げざるをえなくなる。すると、保険「健康だが、万が一のときに備えて」と考える人、「自分は慎重な運転をしているが、事故には相手があるから」と考える人は、高い保険料の保険を避けるという問題が発生する。

これは、売り手（保険証券の売り手である保険会社）と買い手（保険加入者）の間に均質な情報が共有されていないことから起こる問題である。したがって通常は、保険加入者の健康や事故の履歴の情報に基づいて、保険料は設定される。証券の売り手の信用度合いを買い手側が推測することも容易ではない。そのための仕組みは、債券については一部制度化されている。例えば、金融市場で出回る債券については、「格付け会社」が世界の国々の長期国債などの格付けを行っており、ある国の国債を「AA」から「AAマイナス」へと引き下げたなどと報道されることがある。この種の報道のあと、すぐにその国の為替相場（例えば対米ドルレート）は低下、株価も下落することが多い。

こうした一連のニュースを耳にすると、「格付けなんて、そもそも外国の一民間会社が調べた国債の信用度に一喜一憂する必要はない」と、軽い反感を覚える人もいるだろう。この反感は根拠なきにしもあらずなのだ。格付け機関は一般の債券などの元本および利息を、企業、中央政府、地方政府などの発行体が償還まで予定通り支払えるかどうかの見通しを（レストランの「ミシュラン」の場合のように）記号で評価する会社にすぎないからだ。民間企業は自社の債券の格付けを依頼する場合、格付け会社へ相当額の対価を払ってもよいと考える。また、債券の「将来の信用格付け」であるから、格付けをする業者の主観が入ることは避けられない。先般のサブプライム・ローンによるバブル崩壊が起こったときも、金融派生商品の格付けに「虚偽の評価」があったとの批判が出たのもそのためだ。

ではなぜ、そこまでして「格付け」が必要なのだろうか。この問いは、実は市場機構の持つ深刻な限界と関係している。商品の質に関する情報について、売り手と買い手の間で大きな格差がある（例えば、売り手は商品の質を知っているが買い手は知らない）場合、市場そのものが機能不全に陥るという問題を抱えているからだ。こうした「情報の非対称性」によって市場が消滅したり崩壊することを避けるために、財や債券の質に関する情報を市場に散布する必要が生じるのだ。

ブランドの機能

この点を理解するには、四〇年ほど前にG・アカーロフという経済学者が論じた中古車市場の場合が例としてわかりやすい。売り手はその財の質をよく知っているが買い手はよく知らない、といった「情報の非対称性」が存在する「レモンの市場」と呼ばれる問題である。レモンは日本では爽《さわ》やかさの代名詞のように使われるが、英語圏では、酸っぱさのイメージが強く、欠陥商品、特に欠陥車を指す。ある車種の中古車の売り手は、自分の売ろうとしている車がレモンかどうかを知っている。しかし買い手は、その車種が欠陥車である平均的な割合はわかっていても、個別の車がレモンかどうかの判別はできない。したがって買い手は、中古車がレモンである平均的割合から質を判断して価格を支払わざるをえない。こうした買い手側の行動は、売り手や市場全体にいかなる影響を及ぼすだろうか。

平均より質の良い中古車の売り手にとっては、その平均的な価格は安すぎる。逆にレモンを売ろうとしているものにとっては、粗悪な質の車にしては高い価格で売れることになる。このとき市場に何が起こるのか。質の良い中古車の持ち主は、市場に売りに出さないで、個人的な取引で売りさばくであろう。その結果、レモンを処分したいと思っている売り手だけが市場に残り、良質な車は市場から徐々に姿を消し、中古車市場は崩壊する。「悪貨は良貨を駆逐する」のと同じ現象が起こるのだ。

労働市場でも類似の現象が起こる。ある企業で雇用調整の必要が生じ、賃金のカットと希望退職を募る必要が生じたとする。この場合、希望退職に応ずるのは、他企業で職を得る可能性のある技能の高い、優れた従業員が多くなる、というのも同種の現象といえよう。

こうした市場の機能不全を防ぐためには、「質」に関するできる限り正確な情報を市場に流す必要がある。格付け機関の役割は、まさにこの「質の保証」にある。「質の保証」は今やあらゆる分野の取引に求められるようになった。大学評価も、進学希望者など外部の人々に大学の「質」に関する情報を提供し、大学側が入学希望者の無知に付け込むことのないようにするための工夫なのである。市場も公正な運営のためには意外にコストがかかるのだ。

商品の質に関する情報を提供する方式のひとつに「ブランド」がある。企業が、同一の機能や性能を持つ商品を、他社の商品と区別して「しるし」をつけるのが「ブランド」だ。「しるし」をつけることによって、その商品の品質を保証し、質の高さの保証が「評判」を生んで企業の収益力が高まる。超過収益力として作用するわけだ。その意味では「ブランド」はひとつの資産価値（brand equity）を持つ。日本でも昔から「のれん」という言葉が使われてきた。

この売り手がつける「ブランド」は、買い手に対して品質の情報を流す作用があるため、売り手側だけの戦略で機能しそうに見える。しかし実際にブランドが資産価値を持つためには、売り手側だけではなく、買い手側からの「評判」が確立しなければならない。初めて訪れた旅先で、昼食を取ろうとする人が、名の知られていない（したがって質が全くわからない）地元の食堂に入るよりも、マクドナルドなどのファスト・フードの大チェーン店に入る方が安心だと考えてしまう人間の心理を、巧みに読みこんだ経営戦略なのである。

以上述べたような、市場参加者の持つ「情報の非対称性」は、様々な機能障害を市場にもたらす。しかし市場が持つそうした欠陥への対抗措置として、「ブランド」始め、様々な機能が補完的に付け加えられてきた。先に述べた保険のマーケットも同じである。モラルハザードや逆選別が発生するからといって、保険システムそのものを否定したり、自己利益追求の原則を「悪」とするのは短絡的な反応であろう。人間の知力は、こうした人間の制度を出し抜く（outsmart）行動に対して、保険システムにそれなりの対応策をビルトインしている。保険会社はリスクに対応した保険料を設定したり、逸脱行為が起こらないようなモニター・システムをデザインしたりしている。この問題について、過去二〇〜三〇年の経済学の進展には目覚ましいものがある。関心のある読者はそうした分野（ミクロ経済学）の教科書に是非目を通されたい。

有限責任という不思議

先にも触れたように、投機の最も古典的な例は、株式会社の株式を売買することである。株式会社は、「社員（株主）が有限の責任を負う営利社団法人」である。現代では極めて身近な当たり前の存在となったが、そこには、実に大胆なアイディアが仕組まれている。

まず、会社は「法人」として、普通の人間同様に、権利を有し義務を負う。「複数の人が作る集団が、個々の成員とは切り離された集合的アイデンティティを持ちうる」としている。当たり前のように見えるが、よく考えると、会社と経営者・社員は別物とみなす不思議な取り決めなのだ。

また、売買可能な均一に細分化された割合的単位である「株式」を、任意の数の投資家に対して発行することができ、しかもその投資家には会社への出資分を超えた損失を被らないと約束する。この「有限責任」の原則によって、株主は会社の債権者に対して自己の出資分を超えた責任を負わなくて済むのだ。会社が儲《もう》かればその出資分に応じた分け前（配当）が得られ、会社が潰《つぶ》れれば、株券は紙くずになるが、それ以上の負担はない、という「賭け」や「宝くじ」と似た性質を持つ。

この画期的な仕組みによって、企業家は確実に多量の資金を調達できるようになり、このアイディアをいち早く導入した国々が経済成長への離陸に成功した。わずか一五〇〇年ほど前に誕生したこの株式会社が、世界の政治と社会・文化を大きく変えてきたのだ。

株式会社の歴史を活き活きと語ったJ・ミクルスウェイト、A・ウールドリッジ『株式会社』は、その冒頭で、次のような点を強調している。ひとつは、現代の株式会社の成功と没落が時としてドラマティックに語られるが、昔の方がはるかに劇的であり、往時の企業家は命がけであったこと。つまり「賭ける」の精神が強かったということ。第二は、現代の会社は以前よりもはるかに倫理的になってきていること、第三に、株式会社は人間の努力を生産的に活用するうえで極めて効果的な組織であるということ。これら三点を著者たちは強調するのだ。

「自由か規制か」を超えて

日本では二〇〇五年から〇六年にかけて会社法が新しくなり、法律自体が弾力化された。現代の経済競争に合うように改正するというのがその趣旨であった。だがその結果、日本の経済社会はどう変わったのか。会社法が改正・現代語化されたが、その精神と内容がどう変容したのか。

株主割当、新株引受権、新株予約権などの規定の整理だけではなく、実質面でも、有限会社の新設を認めないなど大きな変更が加えられた。さらに、コーポレート・ガヴァナンスの強化、起業促進のための最低資本金制度の廃止（実質的には一円で会社が設立可能になった）、そして社員のほぼ完全な当事者自治による自由度の高い「合同会社」（日本版ＬＬＣ）なども、利用のされ方によっては、今後日本の経済社会に大きな影響を与える改革であろう。この改正に関与した法律専門家の基本姿勢は、グローバリゼーションのもとでの競争が経営の自由化を強く要請している、という主張に集約される。とにかく会社法を柔軟化して、経営者の選択の自由度を高めないと日本経済は世界競争に伍《ご》していけないというのだ。

ところが、筆者がすべてを列挙できないほどの重要な改正を含む新しい会社法に対して、疑義を呈する商法学者もいる。実際、経営の自由度が高まるということは、条文に明確に禁止されていなければ何をしてもいい、という空気を生み、公正さの最終的な判断は裁判所に仰ぐということになりやすい。内外の「ファンド」をベースにした逸脱行動も、法の隙間を狙ってあとを絶たなくなるかもしれない。おそらくその結果、裁判所はさらに忙しくなり、弁護士の仕事への需要はどんどん増えるという懸念も指摘されている(上村達男・金児《かねこ》昭《あきら》『株式会社はどこへ行くのか』参照)。

自由と規制の議論は、新会社法に関しても、今後幾多の試行錯誤を重ねながら修正されていく可能性があろう。自由か規制か、といった平板な図式ではなく、「最大の自由には最大の規律が不可欠」という命題の意味を再考する必要が出てくるはずだ。自由というものは法を予想した概念だ、という考えを深く理解しなければならない。経済学者の多くが、法の実現という規律面での効率には関心がなく、規制緩和による効率ばかりを研究しているという批判は素直に受け入れたいものだ。

「自由か規制か」というナイーブな発想は、米国流のしたたかな交渉技術の前に敢《あ》えなく敗退するようなことになりやすい。米国は連邦法の「証券法」と州法の「会社法」を巧みに「ダブルスタンダード」のように使い分ける。それに対抗できない日本のひ弱な米国理解こそ問題だと、上村・金児は指摘している。

市民としての株主

日本の株主主権論が米国のそれと異なるのは、両国の「市民社会」の内実の差に根ざすという指摘もある。米国で株主が強いといわれるのは、市民社会の力が強いことの反映であり、資本市場とは市民社会の反映であり、株主とはそうした「市民」を意味しているというのだ。

最後にこの点に関して、米国市民社会における、「株主主権」の意味を示す例を挙げておこう（J・マクミラン『市場を創る――バザールからネット取引まで』）。

エイズの特効薬である抗レトロウィルスは、米国の製薬会社によって開発され、特許が取得された。しかしこうした新薬の製造には多額の研究開発の費用が投下されているため、製品化された薬品の価格は通常極めて高価になる。この抗レトロウィルスの場合も、エイズに苦しむ多くのアフリカの貧しい患者の手が届かないほどの高価格であったため、患者数が一番多いアフリカのエイズ患者を直ちに救うことはできなかった。

こうした実情に対して、タイ、ブラジル、インドなどが特許の原則を破る挙に出た（強制特許実施権発動）。例えば、ブラジル政府は、特許の存在するエイズの特効薬の無許可コピーの製造を国内企業に奨励し、患者に超低価格で提供したのだ。その結果、ブラジルのエイズによる死者数は激減する。

米国政府は当初、ブラジルに対して貿易制裁を加えるとし、議会も援助を削減すると警告し、WTO（世界貿易機関）に不服申し立てを行った。しかし「すべての国に医薬品を」を標榜《ひょうぼう》する国際団体や慈善団体の運動もあり、米国政府は政策方針を転換せざるをえなくなる。特にこの製薬会社の株主たちが、会社が「命より利益を重視している」としてプロテストのキャンペーンを張ったことの影響力は大きかった。結果として、製薬会社はこの訴訟を取り下げざるをえなくなる。

企業の行動を変えたこうした株主の運動が、ヒューマニズムに根ざすものであったのか、悪い企業イメージが株価に悪影響を及ぼすことを恐れたための行動だったのかは判断できない。おそらくその両方であろう。しかしいずれにしても、「市民としての株主」が企業の行動を掣肘《せいちゅう》したという事実に注目すべきであろう。

第5章　貧困と失業の罠
――その発見から現在まで

スラムはなぜ生まれるのか

世界の多くの大都市には、「スラム街」、「貧民街」と呼ばれる極貧層が居住する過密化した地域が存在する。こうした地域が都市再開発によって消えてゆくところもあるが、そのまま存続している都市も少なくない。特に開発途上国では、ひとつの大都市の中に「貧民街」と富裕層が生活する豊かな区域が並存し、そのコントラストがその社会の貧富の差の激しさを視覚的に示すケースがある。

国連の基金のひとつ、国際連合人間居住計画（UN－ハビタット、本部はケニヤのナイロビ）によると、現在、世界のスラム居住者は約一〇億人、全世界人口のほぼ六人に一人にのぼり、二〇三〇年にはその数は倍増すると予測している。控えめに見積もっても、近年の各国の財政力の衰えを考えると、当分スラム居住者の数が減少することはなさそうだ。かつては北米やヨーロッパの大都市に流入した移民や出稼ぎ労働者が、これら先進国で「都市化」が完了したこともあって、新たな行き先を求めて途上国の大都市に向かわざるをえないというのが、スラム居住者が途上国で増加する最大の原因となっている。

こうした劣悪な住環境の区域がなぜ生まれるのか。スラムの発生には様々なパターンがあるため、一般化は難しい。例えば皮肉なことに、大都市における賃貸住宅市場に政府が市場介入（家賃統制）したことが遠因となるケースがある。

大都市に職を求めて多くの人が流入すると、当然住宅への需要が高まり、家賃は自ずと高騰する。そこで政府が、高い家賃に苦しむ低所得労働者のために家賃統制令を出す。ところが貸し手である集合住宅の所有者自身も、実は都市部の高い固定資産税と不動産使用の強い規制に苦しんでいるのだ。家主は、家賃統制によって賃貸収入が低下すると、自分が所有する賃貸用住宅の改修やリフォームへの投資意欲を失い、住宅は放置され劣化が進む。これがスラムを生み出すメカニズムのひとつになるのだ。

多くの先進国の大都市では、不動産の所有権が、規制によって使用、収益、処分などすべての面で弱まり、私的所有権を本来の形で行使することが困難になっている。例えば、米国では第一次世界大戦中から「家賃統制」が導入されはじめた。その後撤廃された州や都市もあるが、一般には高い税とがんじがらめの規制の「致死的併用」によって、大都市の不動産が放棄されるケースが目立つという。大都市の不動産の所有権の弱体化が、時に放火による保険金詐取のような凶悪な犯罪を生み出すこともあった。割の合わない賃貸業より、保険金の方がはるかに得だというのだ。制度次第では人間は恐ろしいことを仕出かすものだ。

貧しい人に高い家賃を請求するのは「人倫に反する」というのが人情だろう。しかしそうした善意が悪しきスラムを生み出すというのが経済の論理なのだ。家賃統制に多くの経済学者が反対してきた理由もここにある。家賃統制が町をスラム化し、富裕層が郊外の高級住宅街に逃げ出し、ますます町の税収が減るという悪循環が起こる。低い家賃を強制し、賃借人の権利だけを過度に保護すると、賃貸用の部屋や住宅の供給が抑えられ市場が成立しなくなるという問題も出てくる。

こうした問題の解決には、貧困や失業といった悲惨をいかに避け、その罠に陥った人々をいかなるシステムで救済するのかといった根本的対策が必要になる。

貧困と格差

どこの国でも、いずれの時代にも貧困層は存在した。貧困が「社会問題」として強く意識されるようになったのは、工業化の進展によって離農者が都市に流れ込み、そこで貧民街を形成するようになったことが大きい。河上肇《かわかみはじめ》がマルクス主義に近づく前に著わした警世の書『貧乏物語』（一九一七）には、二〇世紀初頭の英国を中心にした先進国の貧困の実態研究が紹介されている。最も富んだ階層（人口の二％）の人々が富の七割ほどを所有し、最も貧しい階層（人口の六五％）の人々の富が二％以下という、当時の西欧の富の分配の極端なヒズミには驚かされる。

だがその後、二〇世紀全般を通観すると、経済成長によって分配のヒズミは徐々に緩和し、緩和するにしたがって「貧困」は工業社会の社会問題の中心部から退き、むしろ途上国や独裁国家の貧困、言い換えれば、政治体制の生み出す貧困へと関心はシフトしてきた。

しかし平等化の進展は、他者との少しの違いにも人々を敏感に反応させ、何かにつけ他者と比較したがる「格差意識」を高める。生活が豊かになるにつれ、その意識はますます強くなった。実際、先進工業国での景気の悪化は、特に格差問題を大きくクローズアップさせた。日本でも一九九〇年代の不況期から、国内の賃金格差・所得格差に国民が強い関心を注ぐことになったのはその例である。

一般に景気が悪化すると、まず雇用機会を失うのは不熟練層である。企業が人材育成のためにそれほど多くの投資費用を投下していないため、不熟練労働者を解雇してもそれほどのロスは発生しない。したがって不況期には熟練度の低い労働の市場価格（賃金）は大幅に低下し、熟練労働との賃金格差は広がる。

逆に、好景気で労働市場が逼迫《ひっぱく》しているときには、学歴間、男女間、ブルーカラー・ホワイトカラー間など、あらゆる種類の賃金格差は縮まる傾向にある。好況期にまず逼迫するのは、教育訓練の投資量の少ない不熟練労働の市場であるから、その賃金は直ちに上昇し、熟練労働との賃金格差は縮まるのだ。日本も、高度経済成長期には（社外工・臨時工問題はあったが）「賃金格差」は労働問題の中心とはならなかった。景気が低迷しはじめると格差意識は広がり、社会問題化しやすい。

国際的にも九〇年代から、研究者やメディアはこうした格差問題に取り組み、豊富なデータを用いた多くの研究が生まれた。しかし時が経過し研究成果が一応出そろった段階で、格差の議論に対する問題意識や方法論への反省も出てきた。

そのひとつは、「現金で給付された賃金や所得」だけの計測で十分か、という問題である。歴史的に見ると工業化の初期の段階から、すでに企業は労働者に対していわゆる福利厚生のために様々な形の「現物給付」（payment in kind）を行ってきた。企業がそのために支出してきた費用は、額においても、労働コストに占める割合においても極めて大きい。

例えば、日本で工業化の重要な担い手となった繊維産業における福利厚生施設や教育施設への企業の投資は相当の額にのぼる。従業員の労働条件と生活環境を良くすることは、確かに企業にとってコスト増になるが、労働条件が良くなれば労働能率が高まり、生産性も上昇する。福利厚生への支出増は企業利潤を低下させるのではなく、むしろ労使双方にとって利益をもたらすという考え方がその根底にあった。現代の労働経済学でいうところの「効率賃金理論」である。

こうした福利厚生は、労働者にとっての便益（社員食堂、医療サービスなど）は大きくても、企業にとっての一人当たり費用は「規模の効果」が働くため小さくて済む。大企業ほど福利厚生に手厚いのはこの費用の規模効果による。また、公益性の高い企業は、営業成績が良くても賃金を目立って高くすることはできないので福利厚生部分に手厚くなりがちだ。法定の福利厚生が手厚い大陸ヨーロッパでは、企業の全労働費用に占める現金給付以外の費用の割合が四〇%を超える国が多い。こうした実情を見ると、現金給与だけを比較することは問題なしとしない。

階層の流動性はあるか

もうひとつ、さらなる研究が求められるのは、個人なり世帯が、「所得分布の中を移動しているのか否か」という所得流動性（Income Mobility）の問題である。例えば、低所得層にいた個人なり世帯が、一〇年、二〇年、同じ所得階層に留まっているのか、さらに親と子の世代が同じ所得階層に属している割合が高いのか、といった問いである。もし所得階層の「固定性」が認められるのであれば、階級社会の成立が認められることになる。

一八三一〜三二年のジャクソニアン・デモクラシー下のアメリカを九ヵ月余り旅したＡ・トクヴィル（一八〇五〜五九）は、次のような議論を展開した。デモクラシーのもとにおける工業は、分業を推し進め、資本と信用の面でも企業規模を大きくする。分業が広く産業の場に浸透すると、技術進歩は盛んになるが、労働者の立場は弱くなり隷属的にならざるをえない。大きな資本設備は生産物を安価にすると同時に、才覚のある人間がそうでないものを搾取するようになり、大多数の労働者は窮乏化する一方、産業の支配者は富裕化する。

ここまでのトクヴィルの論理はマルクスを想起させる。実際、トクヴィルも、二つの階級の格差は日ごとに拡大し、やがては二極化し、産業の場における「貴族制」が誕生する可能性を認めた。しかしトクヴィルがアメリカで発見した「階級」は、マルクスのそれとは性格を異にするものであった。

アメリカの高所得者層は、新たな別の富裕者と入れ替わることが多い。所得流動性が富裕層では高いのだ。富裕者はいても、富裕階級は存在しないとトクヴィルは言う。他方、貧しい労働者は社会の底辺に滞留したまま固定化する。富裕階級は流動的であるがゆえに、共通の精神と伝統を形成することがない。これがアメリカの産業の世界にヨーロッパのような「貴族制」が生まれない理由だと考えた。

トクヴィルの指摘は現代の産業社会でも認められるのであろうか。一九七〇年代と八〇年代に関する米国のデータでは、稼得所得のトップ二〇％に属した者が一〇年後に同じトップ二〇％に残っている割合は半分以下だとされていた。下位二〇％にいた低所得の人々の半分以上が一〇年後にはこの低所得グループから抜け出ていたとされる。高所得層も低所得層も流動性がかなり高かったことがわかる。トクヴィルは「貧困層は定着し固定化する」と論じたが、現代の米国では高所得者・低所得者双方ともかなり流動的だということになる。

しかし近年、特に九〇年代以降、この流動性に陰りが出てきたという指摘がある。貧困層の所得は上昇しているが富裕層の所得がそれ以上に上昇しているのも大きな原因のひとつのようだ。もし所得階層間の移動を阻むような「階層の固定性」が生まれているとすれば、それこそ「不平等社会」の出現ということになろう。

格差や不平等という概念は、相対的なだけでなく曖昧だ。同一労働・同一賃金の原則には、明らかな不合理・不平等を取り除くための「理念」としての力はある。しかしそれ以外の現実的な適用性は大きくない。着実にキャリアを積んで年功を重ねれば将来賃金が上昇するようなタイプの労働の（ある一時点での）賃金を、年齢や勤続年数とともに生産性がそれほど上昇しないタイプの労働の賃金と比較することには大した意味はない。また、およそ二三〇年も前にアダム・スミスが指摘したように、リスクを伴う仕事、長い期間の教育投資の必要な仕事、人があまりやりたがらない仕事などへの報酬が高くなるのは当然であろう。それを「格差」と呼べるのか。こうした疑問に応えるだけでなく、現金給与以外の報酬要素はどう変化してきたのか、所得階層間の移動がどの程度認められるのか、といったダイナミックスの研究がさらに必要とされる。

所得格差の研究には、機会均等をうたうデモクラシーの社会で、人々の所得にあまり大きな差があるのは不健全であり、ほどほどの所得を得ている部厚い中間層の存在こそが必須だという意識がその出発点となるはずだ。所得格差がなぜ問題なのか、という点については次章で改めて仮説を吟味してみたい。

ワーキング・プア

働いてはいるのだが、賃金が低くて生活が困窮する、いわゆる「ワーキング・プア」（アダム・スミスの時代には labouring poor と呼ばれた）の問題は日本でも米国でも深刻だ。低賃金で働く人々の職場に入り込み、彼らの労働と生活を自ら体験して米国の実態を参与観察し記録した、バーバラ・エーレンライク著『ニッケル・アンド・ダイムド──アメリカ下流社会の現実』が話題を呼んだ。同書は軽いタッチで描かれてはいるものの、その迫力は凄まじい。このドキュメンタリーが書かれた二〇〇〇年ごろの米国では、時給八ドル以下で働くいわゆる「ワーキング・プア」は、全米労働人口のほぼ三割近くを占めたという数字がある。この本は、時給六、七ドルの労働者が、どのようなところに住み、いかなる生活を送っているのかを垣間見せてくれる。

著者は生物学の博士号を持つジャーナリストである。「一九九六年の福祉改革によって労働市場に流れ込み、時給六、七ドルで働くことになった労働者は、一体どんな生活をしているのか」といった問題関心から、このルポルタージュを書くことになる。

フロリダ州でウェイトレス、メイン州で掃除婦、ミネソタ州でスーパーの店員など、親類・縁者のいない新しい土地に乗り込み、安い住居を探し、低賃金の仕事に応募し、生活をなんとか組み立てようと挑戦する。それぞれの仕事にどれだけの期間就いたかは記されていないが、三つの州で六つの仕事を体験した著者は、結局すべてに挫折《ざせつ》する。

米国の一部のサービス産業における低賃金労働者の実情を示すエピソードはどれも過酷だ。求人広告は、離職率の高い低賃金労働者に不足が出ないようにするための「保険」であることを著者は知る。広告が出ているからといって、すぐ人を採用しようとはしていないのだ。まず願書を出し、面接を受け、薬物検査を受けねばならない。

この薬物検査にはいくつかの機能がある。実証されたわけではないが、検査を実施すると、事故や欠勤が減り、健康保険への請求も少なくなるから、検査の費用を上回るような生産性の向上があると考えられているのだ。しかしそれよりも、応募者にとっては屈辱的なこの薬物検査が、応募と採用の間に差し込まれていることの、応募者に与える心理的効果は大きいと著者は見る。

支出の五〇%以上を占める「住」こそが、低賃金労働者の生活を破綻させる最大の原因であること、商品の窃盗が職場の大問題であり、監視カメラ導入の検討が人権問題になっていること、新規採用者の一回目の給与は、辞めるときに支払われること等々。どのエピソードも、米国の貧困層の姿を鮮やかに浮かび上がらせている。特に一時期、米国の社会問題として取り上げられたウォルマートの経営の冷酷さは、あの一九世紀中葉の英国の労働者の実態を本にしたフリートリッヒ・エンゲルス（一八二〇〜一八九五）もビックリするだろう。

同書はアメリカでベストセラーとなったが、同時に、「アメリカ資本主義の告発」の紋切り型な議論と情報の客観性に関して批判が巻き起こったことも事実である。同書は「論証」の書ではなく、「主張」の書ではあるが、事実の一面を示したドキュメントであることは間違いない。

最低賃金法のディレンマ

こうしたワーキング・プアを国家はいかにして保護するのか。その代表的な法律が最低賃金法である。最低賃金法は、地域別・産業別に賃金の最低額を保障することによって労働条件の改善を図ることを目的とする法律である。いかなる法律も社会環境の変化で改正を迫られ、日本でも二〇〇八年七月一日に改正法が施行された。

改正内容にはいくつかのポイントがあった。中でも、「生活保護法」との整合性を配慮して地域別の最低賃金を決定するという点が重要であろう。憲法で保障する「健康で文化的な最低限の生活」ができるように、日本にも生活保護にかかわる施策があるが、働いている人の賃金がこの生活保護法による生活扶助より低くなることへの配慮が求められたのである。また、雇い主が地域別最低賃金額以下の賃金を払った場合、罰金の上限額も二万円から五〇万円に引き上げられた。

最低賃金法の目的は労働条件の改善であるから、この法律は労働者に望ましい状況をもたらすはずだ。しかし個人にとって良いことが、全体にとって良いとは限らない。労働市場全体に思わぬ副作用が生じる可能性があるのだ。最低賃金の水準が、労働の需給が均衡する賃金以上に高ければ高いほど、若年層や不熟練労働者の失業率を上げてしまう可能性が生まれる。最低賃金の決定水準が高すぎる場合、雇い主はこの賃金レベルと雇い入れる労働者の限界生産力との差をできる限り小さくするために、不熟練者ではなく熟練者のみを雇おうとするだろう。賃金という労働の「価格」が最低賃金法によって市場調整機能を失った場合、労働者の「生産性」が市場調整役を果たすことになる。その結果、技能（生産性）の低い労働者の雇用機会はますます狭まることになる。

また、最低賃金の上昇が若年労働者を雇用するコストを上昇させ、彼らを常用労働者として雇用する可能性を減少させる。特に十代、二十代のフルタイム労働者の雇用減少の効果は予想以上に大きい。近年観察される若年労働者の労働時間の低下現象はこの点とも関係しているだろう。

もちろんこの副作用の有無はケース・バイ・ケースである。日本で業者間協定の最低賃金方式が発足した一九五六年ごろは大変な労働力不足の状態にあったから、最低賃金の導入によって雇用が減少することなど文字通り「想定外」であった。米国でも、最低賃金が上昇した一九四〇年代、五〇年代には、雇用はむしろ増えている。この雇用と最低賃金法の関係は、因果関係の有無も含めて、丹念な実証研究が必要とされるテーマだ。

最低賃金法は大事な法律だ。この法律がなければ企業間の労働の買い叩き競争が過熱し、労働者の経済状態を害するような事態が起こる。その点でも現代社会における最低賃金法の存在意義は十分に認められる。働くものの経済的厚生が保護されていれば、労使間の紛争も未然に防げるだろう。さらに最低賃金を十分なレベルに維持すれば低所得層への所得移転となり、有効需要の拡大にもつながるだろう。しかし問題は「どの水準が適正なのか」ということなのだ。その判断を誤れば副作用は大きくなる。

失業問題の発見

低賃金ではなく、そもそも働く場が得られないという問題はどうなるのか。今や先進国のほとんどが失業問題に苦慮している。失業の原因や深刻さの度合いは様々だ。高齢社会で若年層の働く場が奪われているといわれる。先進国が賃金コストの安い国へ生産拠点を移すから、自国の低熟練労働者が職を失っているという指摘もある。技術革新が高学歴、高熟練の労働力への需要を高めるから、低熟練労働者の失業の可能性が高まったことも影響しているという。多くの場合、総需要の不足がその根本にあるが、労働者の中の特定の層が、なぜ失業の悲惨を味わわねばならないのか、その原因が多様であるため、対策も一様ではない。失業が重要な社会問題として「発見」された歴史的な背景と、社会保険制度の導入など、その政策の基礎にある考えを探っておこう。

英国の経済学で失業が問題として取り上げられるようになったのは一八八〇年代からである。それ以前に失業者が存在しなかったというわけではない。「雇用の不足」あるいは「雇われていない」(unemployed) という言葉は使われていたが、一八九〇年に刊行されたA・マーシャル『経済学原理』には、「失業」(unemployment) という言葉はまだ登場していない。雇用の不安定性(不規則性)については、わずか二ページほどが割かれているだけであった。「失業の意味とその計測」あるいは「失業の経済的原因」と題する論文が、経済学者によって書かれはじめたのは一八九〇年代に入ってからなのだ。マーシャルの『原理』に失業という言葉が登場するのは、一九〇七年に刊行された第五版からであった。

「失業」をそのタイトルに含む書物は、W・ベヴァリッジ(一八七九〜一九六三)の『産業組織と失業問題』(一九〇九)が最初であろう。著者は、のちに戦後の福祉国家英国を理論的に基礎づけた「社会保険および関連サービス各省委員会」の報告書(通称「ベヴァリッジ報告」)(一九四二)を書き上げた人物である。ケインズをはじめとして当時の英国の文人・政治家の中には植民地での生活を経験した視野の広い人間が多いが、ベヴァリッジも例外ではなかった。インドから帰国後オックスフォードで学んだあと、トインビー・ホールでウェッブ夫妻とセツルメント活動をしているとき、「失業」問題に強い関心を抱くようになった。セツルメント活動は、当時の英国の中産階級や教会関係者たちが、都市の貧民街に住み込み、そこで生活を共にしながら貧困層の生活を改善する運動である。ベヴァリッジはこの運動を通して、若くして、老齢年金制度、無料の学校給食、国の職業紹介所などを実現するための運動に強い熱意を示すのである。

こうした活動に関わることで、仕事がないこと、雇用が不安定であることを、個人の生活態度の問題としてではなく、産業システム（industrial system）自体が抱える問題として、制度的な改革が必要なことをベヴァリッジは痛感する。失業が起こるのは個人の道徳的問題というよりも、失業を起こす社会的条件が問題なのであり、慈善事業の対象となる貧困対策ではなく、国の責任としての失業対策が必要なのだという強い確信が生まれた。

若き政治家W・チャーチル（一八七四〜一九六五）もこうした認識を共有することになる。彼は一九〇八年、自由党アスキス内閣の商務大臣に就任するが、翌一九〇九年のチャーチルのメモランダムに、社会政策は、道徳的な規準に立脚すべきではない、アル中で職を失った者にも、失業の原因が彼自身にあるのか雇い主にあるのかにかかわりなく、保険料を拠出しているものには失業給付がなされるべきだと記している（G.Himmelfarb）。この思想こそ、ウェッブ夫妻を介してチャーチルが知己を得たベヴァリッジの『産業組織と失業問題』のメイン・メッセージの影響を受けたものであった。

失業保険というアイディア

英国で一九一一年十二月に成立した国民保険法に規定された失業保険制度は、「貧困」「病い」「無知」「不衛生」「怠惰」と闘うのは政府の責務だとするベヴァリッジ報告の原型となったものである。さらに一九四五年七月の総選挙で保守党のチャーチルを破ったアトリー労働党内閣のもとで実現する「国民健康サービス」(NHS)(一九四八)も、この一九一一年に世界で初めて導入された失業保険制度を土台としたものであった。

社会保険制度の嚆矢《こうし》は、一八八〇年代のドイツ帝国の宰相ビスマルクによる一連の社会政策立法だといわれる。ビスマルクの政策には、「社会主義の浸透」への予防措置的な意図と、労働者の生活の安定性への配慮がその根本にあった。しかしビスマルクの社会保険は、労働者の労働条件を改善することによって職場の生産性を上げるための、健康保険、労働災害保険、老齢廃疾保険であって、そこに「失業保険」は含まれてはいない。ドイツで失業保険制度が導入されるのは、ビスマルクの社会保険立法から約四〇年を経た、一九二七年のことであった。

ベヴァリッジは、一九〇七年七月、ドイツに赴いて社会保険制度の実態を調査している。こうした綿密な調査と研究を積み重ねて、ベヴァリッジは、社会保険制度が二つの点で戦後の英国産業をむしろ強くすることを認識した。ひとつは、社会保険を国家管理のもとに置くことによって企業の労働費用の負担が軽くなること、今ひとつは、労働者が健康で、ほどほどの資産を持つようになれば、労働への意欲も高まり英国の産業が生み出す製品への需要も高まることに着目したのだ。国家による強制保険としての英国の失業保険制度は、保険制度を職業紹介機能と組み合わせることによって、第二次世界大戦後、ナショナル・ミニマム（国家が保障する最低限度の生活水準）の思想へと結実するのである。

ちなみに、ベヴァリッジの社会改革構想のすべてが現代的な感覚を先取りしたものだったわけではない。ベヴァリッジが一時期考えた家族手当構想には、優生学的な発想があった。人口抑制や産児制限をめぐるケインズとの論争も、優生学に関する当時の時代背景が強く影を落としている（小峯敦《こみねあつし》『ベヴァリッジの経済思想――ケインズたちとの交流』がこの点についても丁寧に分析している）。

失業保険制度も、整えばすべて目出度《めでた》しとはいかないことは、あらゆる国が経験してきたところである。なぜ国が保険料を一部拠出し管理する「強制保険」の形を取るのか、私保険では対応できないのか、という疑問がしばしば立ち現れる。しかし前章で述べた保険システムが持つ二つの難問、すなわち「逆選別」と「モラルハザード」の問題の解決を私保険に任せれば、保険機能は悪化する。前者は、失業のリスクが高いものほど失業保険への需要が大きくなる結果、保険加入者がハイリスク・グループに偏る現象を指す。保険料率を上げると、ローリスク・グループが加入しなくなる。後者は、失業保険の給付を受けるものが、職探しに熱心にならず失業期間を長びかせる傾向が生まれることを指す。こうした困った現象は私保険では解決しにくい。対処法として、労働者ごとに社会保険の生涯口座を作り、現役時代にあまり給付を受けなかった人には退職時に積立金を払い戻す方式も提案されている。

完全雇用という政策目標

現代の産業社会で失業保険が果たす役目は確かに大きい。しかしもうひとつの大きな政策は「需要不足型」の失業に対して、政府が財政出動をして雇用機会を創出するという対策である。財政支出の拡大で有効需要を創出するという「機能財政論」である。

A・C・ピグーなどの〝古典派〟経済学者が、失業の原因を均衡水準より高い賃金に求めたのに対し、ケインズが『雇用・利子および貨幣の一般理論』（一九三六）の中で主張したのは物価安定・賃金上昇という政策であった。ケインズは同書第一九章で、雇用量を決めるのは労働市場だけでなく、財の市場や貨幣市場を通した効果が重要であって、ピグーの主張する貨幣賃金の切り下げは有効需要にとってマイナス効果の方が大きいと論じたのである。

ケインズは貨幣賃金の切り下げがいかに雇用増加を保障しがたいかを示したあと、長期においては、諸価格を安定させながら技術進歩分を、賃金上昇で徐々に吸収していく政策が、賃金一定かつ価格低下の政策より望ましいと推論した。将来賃金が引き上げられるという期待の存在する経済の方が、高い水準の雇用を維持しやすいと考えたのである。

このようにケインズは、『貨幣論』（一九三〇）における貨幣数量説的な価格安定化目標から、『一般理論』における雇用安定重視へと政策目標をシフトさせた。それは「消費性向や投資性向という（貨幣供給からは独立した）実質的なパラメータに依存して決まる有効需要が、雇用量の決定要因としては重要だ」という見解を強く打ち出すことでもあった。このケインズの見解は、戦間期の英国と世界の経済状況を慎重に考慮した現実味のある政策論であったといえる。この時期は、英国内においても国際的にも、デフレ対策が最優先の政策目標であり、インフレーションへの恐怖は少なかったからだ。こうした事情から、不況回避と高水準の雇用維持が政府の重要な政策目標となったのである。

「完全雇用」という言葉は、ベヴァリッジの『自由社会における完全雇用』（一九四四）で初めて経済的厚生を目指す概念として用いられた。しかし「完全雇用」が公的な政策目標としてなんの限定もなく全面に掲げられるようになったのは、第二次世界大戦が終わってからのことなのである。

失業をめぐる問題は、各時代の社会科学者や社会運動家によって「発見」され、解決策が模索されてきた。近年、労働力高齢化の中で若年層の働く場が奪われていると言われる。他方、一部の社会学者は、内閣府の調査で若者の満足度が昔より高くなっていることを指摘する。「幸福だ」と感じているものがかなりいるというのだ。しかし「今が楽しい」という幸福感は長続きしないものが多い。従来とは異なったタイプの「失業者」が現れているのか、失業問題の「質」が変わってきたのか、解決策を論ずる前に、失業者の特性を改めて「発見」することが求められている。

第6章　なぜ所得格差が問題なのか
――人間の満足度の構造

近年、所得格差と不平等は日本だけではなく、欧米の先進国、中国など、世界のあらゆる国々で大きな社会問題となっている。米国のOccupy Wall Street（ウォール街占拠）のデモも、目に見える最もわかりやすい格差問題への人々の反応だといえよう。本章では格差拡大の是非がなぜ問題となるのか、格差拡大が現代の産業社会にとってなぜ重要問題なのかを論じ、真の問題はどこにあり、その深刻度をどう理解すべきなのかを考えたい。

格差の縮小は「平等」の実現という見地からも常に望ましいことなのか。金銭タームでの所得格差の拡大や縮小は、そのまま人々の不満足度や満足度の尺度となりうるのか。もし信頼しうる尺度でないとすれば、直接国民ひとりひとりの満足度や不満足の度合いを知る方法はあるのか。このような問いと向き合うことにも意味はあろう。「所得格差の拡大」という言葉が社会に与える影響力は実に大きい。それは杜撰《ずさん》な観念連合によって、「機会」においても「結果」においても「不平等な社会」というイメージを与え、人々の社会への不満を高める効果を持つ。したがって「所得格差の拡大」が、経済学者や社会学者、あるいは統計学者が発見した問題だとすれば、それが現実社会に対して持つ意味を検討する必要があろう。本章では、いくつかの仮説を提示する。

豊富な情報は「やる気」をそぐ？

まず、所得格差が人々の「やる気」(active spirit)をそぐのか、そして所得格差の拡大は現代の技術革新、特に情報技術・複製技術の進歩と関連しているのかという問題を考えてみよう。また、所得格差は「チラバリ」や分散の問題として測定されるが、所得の水準(level)自体の上昇が人々の「やる気」に与える影響も、測定しにくいものの、検討すべき重要課題であろう。

今後の日本社会にとって、「やる気」をそぐ要因がいくつか存在することに注意しなければならない。例えば日本の場合、旧経済企画庁時代(現内閣府)の一九七八年からスタートし、三年ごとに調査が行われた『国民生活選好度調査』(比較可能な形は二〇〇八年で廃止)

を見ると、国民のエネルギーの萎縮がこの三〇年でかなり進行したことが読み取れる。バブル期を経て、一九九〇年代の不況期に入ると国民の生活に対する満足度は確実に低下を続けている。ところが国民が現在一番強い関心を持っている重要な政策課題を調べると、まず第一に「医療と保健」であり、「収入と消費生活」がそれに続くが、「勤労生活」への政策対応を求める姿勢は突出して強くはない。さらに「家族」を重要視する度合いも低下している。つまり日本人の多くは、すでにほどほどに経済的に豊かになっており、今日の生活を経済面で少しでもよくするために汗を流して働くというよりも、例えば自分の好むような余暇をどうすれば楽しむことができるのかという方向に関心がシフトしてしまったのだ。

「やる気」を阻害している第二の要因は、情報の収集と散布が徹底して効率的になったことが関係しているかもしれない。おそらく一世代前であれば、自分の資質や努力によって自分のパフォーマンスがどの程度の社会的評価を受け、どの程度の社会的なポジションを得るかがわかりにくかった。どの分野にしろ、競争の場における情報やデータが不十分だったから、野心のある若者は、「とにかくやってみよう」と挑戦することができた。不確実だからこそ、「賭けてみたい」という気概が存在したのだ。

しかし今や豊富な情報が速く正確に伝わることによって、ある程度先が見えるようになり、若者の挑戦する精神が衰弱したとしても不思議はない。複製技術の進歩によって、それぞれの分野における最高水準の知識と技能を廉価《れんか》で享受することができるようになったことも影響している。例えば、テニスのイメージ・トレーニングをしようと思えば、世界的プレーヤーのビデオを見ればよい。クラシックのベスト・パフォーマンスを楽しんだり研究したりしたければ、これも人気音楽家のCDやDVDを聴けばよい。複製といえども、世界の最高水準がどのようなレベルであるのかを、これから修練を積もうとする若者が先に知ってしまえば、自ずと自分の力量を相対化せざるをえない。その結果、自分の将来のサクセス・ストーリーを描くことが難しくなったのではないか。

このように情報の拡散と複製技術の高度化は、これから技能や知識を蓄積しようとする若者にとって、実に辛く厳しい環境条件を生み出したのである。知らなければ行動できるが、知ってしまったがゆえに、「かなり予測が可能な」未来に対して、一歩を踏み出すことが以前より困難になってきたのである。不確実だからこそ、人々は行動できる。だが豊かな知識と情報は、逆に人々の行動を抑制する働きを持つ。情報の「高度化」は、不確実な未来に向かって挑戦しようとする者の意欲を弱めたのかもしれない。

憧れと嫉妬

実は複製技術が高度に発達したことは、芸術やスポーツ、あるいは知識産業における所得分配の不平等化をも生み出した。例えば、一八世紀・一九世紀の音楽家たちは、いかに抜きん出た人物であっても経済生活は厳しかった。しかし二〇世紀に入ると、特段その実力に大きな差がないのにもかかわらず、高所得を得る「景気のいい芸術家」(thriving artists) と、「食べていけない芸術家」(starving artists) との所得格差は極めて大きくなった。S・ローゼンが指摘したように、先に述べた複製技術の発達が、その主たる原因であることは否定できない (Rosen〔1981〕)。演奏がCD化され、市場で大量に販売される音楽家と、そうしたチャンスに恵まれない音楽家の場合を考えれば明らかであろう。力量に著しい差がなくても、大きな経済的格差が発生するのである。

平等にチャンスが与えられながら、自分と大差のない境遇にいた人たちが経済的な成功を収める社会では、身分制度が固定的で身分相互の隔たりが大きかった社会よりも、通常嫉妬心が強くなる。もっとも、不平等は拡大すればするほど必ず人々の不満や嫉妬が強まるというものでもなさそうだ。ビル・ゲイツのように巨万の富を築き上げた現代の経済社会の「英雄」に対して、嫉妬を感ずる人は少ない。むしろ多くの人々は、ある種「憧れ」に似た気持ちでビル・ゲイツに自己を重ね合わせ彼を見つめるというのが真実に近いだろう。映画やプロスポーツのスーパースターを見つめるような快感を人々は味わうのだ。

ヒュームは、一兵卒は、軍曹や伍長に対するほど、将軍に対しては嫉妬を抱かないし、名ある文人は、自己に近い作家から受けるほどの嫉視を、平凡な三文文士からは受けないと言った（ヒューム『人性論』〔一七三九〕）。それは大きな不均衡や格差は両者の関係を切断して、隔たったものとの比較を難しくする。あるいは比較の効果を減少させるためである。しかし、同じようにチャンスが与えられ、資質に大きな差異がないにもかかわらず、受け取る果実に隔たりが出れば、不満や嫉妬は大きくならざるをえない。

いずれのケースを考えても、能力の差が存在する限り、機会の平等は結果の不平等を生み出す。この不平等から生まれる不満を冷やすための社会的装置がうまく機能しなければ、社会的安定は保証されない。さらに相対的不平等だけではなく、「絶対的貧困」自体はこうした微妙な差に関係なく、人間の反社会的な感情を煽り立てる。この気持ちは決して現代の産業社会に住む人間に固有のものではない。すでにアリストテレスは『政治学』の中で、「貧困は内乱と犯罪の生みの親である」と説いている（第二巻第六章）。つまりある経済状態は、人間を善い行為、あるいは幸せな結果を生む行為へと走らせやすいのだが、別の状態は人間を悪しき行為へと駆り立てることが多いというのである。より重要な問題は、「ほどほどに所有している人々」、すなわち社会の中間層が「広く、厚く」形成されているかどうかということにある。教養とほどほどの富を持つものが政治に参加し、善き政治を支えていくことが必要なのである。

「客観的」格差と「主観的」満足度

不平等化に関する「事実」、すなわち「客観的」格差と、「主観的」満足度にも差があることに留意する必要がある。この点を探るため、先に述べた『国民生活選好度調査』(旧経済企画庁、現内閣府)を調べ、七〇年代後半からの三〇年で日本人の生活満足度がどのように変移(低下)してきたのかを見てみよう。同調査は、一九七八年以降三年ごとに二〇〇八年まで実施されており、国民の主観的満足度を一〇の(福祉)領域の六〇の細分化された項目について重要度、充足度を尋ね、さらに生活全般の満足度を尋ねている。「自己申告された満足度」(self-reported satisfaction)であるから、データとしての「客観性」が疑問視されがちである。しかしこの調査を「主観的」評価についての「客観的」データ、として捉え直せば、極めて有用な調査であることがわかる。

この中で、所得格差、不平等、階層化といった概念と深く結びついている項目として、(26)収入や財産の不平等が少ないこと、(57)能力があって努力すれば誰もがふさわしい地位や収入が得られること、の二つがまず挙げられよう。この二項目の動きを(特に一九七〇年代から二〇〇〇年代の三〇年について)観察する前に、一〇の福祉領域のうち、国民がどれを重要とみなし、政策優先度が高いと考えているかを見ておこう。

一〇の領域は「医療と保健」、「教育と文化」、「勤労生活」、「休暇と余暇生活」、「収入と消費生活」、「生活環境」、「安全と個人の保護」、「家族」、「地域生活」、「公正と生活保障」に分かれる。調査は、このうち重要と考える領域を一番目から三番目まで尋ねている。「最も重要である」と評価した領域は、二〇〇二年の調査では、「医療と保健」が一位であり、「収入と消費生活」、「勤労生活」が続く。「医療と保健」は一九八一年以降、首位を保ち続けていること、九九年まで三位の「家族」が低下したことが注目される。一般に重要度が高いと政策優先度が高くなることが予想される。実際、「最も力を入れて欲しい」と選択した領域（政策優先度）は「医療と保健」、「収入と消費生活」、「勤労生活」の順に高い。しかし重要度水準が九九年以降低下しているものの依然高い「家族」の政策優先度の水準が低いのは、「家族」という領域が政策の対象となりにくいことを示している。

所得そのものが人々の最大の関心事ではなくなったという点は、満足度・幸福度に関する大量のデータを用いて国際比較を行った近年の諸研究の結論とも整合的である。Inglehart and Klingemann（2000）や Veenhoven（1997）の研究では、貧しい国の人々の幸福感はもちろん低く、ベーシック・ニーズの高低に強く結びついているが、先進国の人々の幸福感は、所得水準にほとんど感応的ではないと報告されている。

格差という点では、「収入と消費生活」の領域の項目（26）「収入や財産の不平等が少ないこと」と、「公正と生活保障」の領域の項目（57）「能力があって努力すれば誰もがふさわしい地位や収入が得られること」の二つに注目すべきであろう。ところがこれら二項目とも、重要度得点の高い項目の中には現れない。（26）はむしろ六〇項目中、四七位、（57）は二八位にとどまっている。もっとも、充足度得点で見ると、これら二項目は決して高くはない。（26）は二三位、（57）は二四位と、近年多少上昇しているものの、それほど目立ったところに位置してはいない。二一世紀初頭の日本人にとって、平等や格差という問題は、充足度が高いわけでないが、それほど重要な問題と考えられていないため、政策的ニーズもさほど高くはない、という現実をこの調査は示している。

この事実は、「生活の満足度」（life satisfaction）には、どのような形で現れているのだろうか。同調査は質問表の中で問7として「あなたは生活全般に満足していますか、それとも不満ですか」と問うている。これは「主観的な厚生」（subjective well-being）を尋ねており、回答者の「自己申告された満足度」（self-reported satisfaction）と「生活の満足度」を問題にしている。すなわち格差や不平等度そのものではなく、個々人が感知した（格差や不平等を含めた）自分たちの生活全般の評価を問題とする問なのである。

問7に対して、「不満」、「どちらかというと不満」と答えている者の割合は、一九七八年の一五・六％から、二〇〇二年の二六・六％へと漸次増加している。実際、「暮らしよい方向に向かっていると思う」人の割合は、九〇年をピークに低下しており、この調査開始以来最も低くなっている。さらに「自分の老後に明るい見通しを持っている」人の割合も八四年をピークに低下して、これまた調査開始以来最も低くなっている。

興味深いのは、(26)「収入や財産の不平等が少ないこと」、(57)「能力があって努力すれば誰もがふさわしい地位や収入が得られること」の二つの項目が、一九八七年、一九九〇年のバブル期の調査では、「不平等の強さ」を示す方向へ明白にシフトしている点である。この数字を見ても、一部(おそらくかなり多く)の日本人が、いわゆるバブルによって受けた経済的・精神的な傷が大きかったことが推測されよう。

こうした点を集計量の時系列やクロス(性別・年齢別など)で見るだけでは、この調査資料を十分活かしたことにはならない。実際、質問表を読むと、回答者の属性はかなり詳細に尋ねられている。性・年齢・職業・勤務形態・勤続年数・企業規模・業種・学歴・婚姻と配偶者の就業形態・子供の数・住宅・年収(本人・配偶者・世帯全体)・資産・貯蓄・借入金残高に関する情報が得られるのである。

こうした回答者の属性についての情報を利用しながら、それぞれの属性グループの満足度、あるいは政策ニーズを計量するという研究がこれから必要であろう。そうした研究なしでは、不満を抱く人々のイメージは明らかにならないからだ。ただし、この種の研究は、逆に回答者の回答内容に影響を与え、政策を意識した回答を誘発する可能性があることにも注意しなければならないが。

認識の二重構造

単なる客観的な事実としての所得格差だけではなく、以上述べたような「主観的な満足度」をなぜ問題としなければならないのか。この問題は、社会科学における認識の問題とも実は深くかかわってくる。

自然科学と社会科学の最大の相違点は、認識の主体と認識の対象との間の関係にある。社会科学（もちろん経済学もそのひとつであるが）で取り扱う対象、すなわち「社会活動を営む人間」は、それ自身、現実を認識する主体でもある。ところが、その主体を、さらに社会科学者が認識するという「二重構造」を社会科学研究は背負わされているのである。したがって、社会の中の人間は彼にとっての現実（例えば彼の所得と他人の所得の差）を認識するが、それを本人がどう感じているかをいわゆる「客観的な」データでもって研究者が観測することはできない。唯一可能な手がかりは、対象となっている人々が「こう感じた」という自己申告を参考にすることなのである。さらに複雑なことには、観察者の認識が、対象となっている人々の認識をも変えてしまうという可能性がある。所得格差の拡大という研究者の認識が、(それが正確なものであれ、誤っているものであれ)社会の不平等感を助長し、さらなる不満を煽るということもないわけではない。社会科学研究と社会運動が安易に結合しやすいのはこの構造ゆえである。

こうした「観察するもの」と「されるもの」との相互作用と二重構造の問題は、物理学などの自然科学にも程度の差こそあれ存在するといわれるが、社会科学においてその二重性の程度はより強くなることは否めない。自然科学が最も社会科学に近いところまで領域を広げてきたといわれる「霊長類学」(primatology)でも、同様の問題はたびたび指摘されている。観察者(研究者)が猿に「餌付け」をすることによって、研究対象(猿の集団)の行動様式が変化してしまうことがあるのだ。いずれにせよ、社会について語ろうとする者は、こうした認識の二重構造という問題に縛られており、その中から仮説や想像力の助けを借りて「事実らしきもの」を確定していかなければならないのである。

アダム・スミスの考察

所得格差を人々がどのように感知するかという問題が、社会の安定性とどのようなチャネルを通して結びついているのかをアダム・スミスの議論を材料にしながら考えてみよう。認識の問題としてではなく、単なる所得格差自体の拡大あるいは絶対的貧困が社会を不安定化させるという議論は、政治学・社会学の分野でもすでに存在する。ここでは格差がどのような形で人々の心を騒がせるのか、格差が大きくても社会的な安定性は確保されうるのかといった問いを、アダム・スミスの分析を参考にしながら検討してみたい。

所得格差という客観的データは必要であるが、それだけでは「不平等」の社会的含意を十分尽くしたことにはならないというところから本章は出発した。所得や消費内容という直接観察できる「客観的」データだけではなく、「主観的」満足度自体をさらに問題にすべきだというのが、前節での主張であった。しかしこの主観的満足度も、所得格差との関係においてかなり複雑な構造を持つことが次第に明らかになってきた。格差は大きければ大きいほど不満足度が高まるわけでもない。公共政策を考える場合、この「満足度」というものの構造が持つクセやバイアスについても勘定に入れなければならないのだ。この問題を考察する場合、いくつかの興味ある論点を示唆しているアダム・スミスの『道徳感情論』（一七五九）が参考になる。本節では、「格差をいかに人々は感知するのか」という点について、スミスの議論の中から三点ほど検討しておこう。

境遇変化の速度

富や所得の不平等化が進行する中、その不平等化が「自力の活動」によってではなく、政治力や「偶然の僥倖《ぎょうこう》」によって生まれるという要素が強くなると、怨望《えんぼう》や嫉妬が社会に鬱積《うっせき》する。人間の情感は、一般に社会的情感（寛大、人間愛、親切、同憂、友情、尊敬、等）と反社会的情感（憎悪と報復感）の二つに分かれる。アダム・スミスはこの二つの相反する情感のほかに、いわばその中間的地位を占める情感として、利己的情感が存在すると指摘した。それは、悲哀（grief）と歓喜（joy）であり、それらがわれわれ自身の私的な幸運あるいは不運のために感得される情感である。

先に「偶然の僥倖」によって格差や不平等が発生した場合、怨念や嫉妬が社会に鬱積すると述べた。この例としてアダム・スミスは、次のような対比を持ち出している（『道徳感情論』第一部第二編第五章）。何かの事情で急に運命に激変が生じたために、たちまち生活が豊かになり、社会的にも出世した人がいるとしよう。こういう人に対しては、彼の最も親しい友人でも、心からの祝意を表するということはないだろう。立身出世は最大の功績であるとはいえ、それは一般には不愉快なものであり、通常は嫉妬の感情のため、当人の感じる喜びに対して共感を覚えることはない。他方、当の幸運な人間は、その僥倖に対し配慮し、他の人々にも進んで好意を行うことによって自己の幸運を分かち合おうとするとは限らない。その場合、置き去りにされた人々は、その不機嫌、疑い深さ、自尊心によって、成り上がり者の横柄さや軽侮の目つきに対して大きな怒りを覚えるような事態も生まれる、とスミスは述べている。「運命の急変」は幸福にとって大して役には立たないというのである。

このことを、「偉大さに向かってもっとゆっくり漸進してゆく」場合と比較すれば、その違いがわかるとスミスは説明する。人々はその人間が、少しずつ昇進の階段を昇っていき、その地位に到達するはるか以前から彼の昇進が予想されるのであれば、彼自身にも特別大きな喜びがもたらされるわけではないのと同じく、まわりの人々が彼に対して特に強い嫉妬を感じることもない。実はこうした配慮は、現代の産業社会における企業や官庁の人事管理においても十分払われている。昇進人事に職場全体が納得できるよう、昇進の可能性の高さを徐々に（管理職不在の場合に代理の仕事をしてもらったり、昇進前の研修や試験を受けてもらう等によって）知らしめるような方式がそれである。

富と権力の賛美者たち

先に、所得の不平等は大きければ大きいほど不満が高まるわけではないと述べた。例として、コンピュータのソフト開発で巨万の富を稼ぎ出したビル・ゲイツのケースを挙げた。こうした富や権力者への賛美の感情は、歴史を振り返ってみても多くの時代に見出せる。人々はいつの時代も「スター」や「雲上人」に憧れてきたのであり、その憧れが社会秩序の安定化要因として作用した面もあるとアダム・スミスは見ている。

『道徳感情論』の第一部第四編第二章で「野心の起源ならびに身分の区別について」スミスは論じている。ここでスミスは「野心の起源」（すなわち、人間社会におけるすべての異なる階層を通して見られる競争心）は、安楽とか快楽を求める心からではなくて、「虚栄心」からだと断定する。そして人々は、「富者や権力者の抱くあらゆる情感と同じ情感に常にひたりたいというこの人類の性情を基礎として、身分の差別や社会の秩序が確立されている」と考える。そして次のように言う。

「われわれが自分たちよりも優れた人に対して阿諛追従《あゆついしょう》するのは、彼らの行為に訴えてなんらの恩恵にあずかろうと期待するためではなくて、むしろ彼らの有利な地位に対してわれわれが心からの讃美を惜しまないからである」と。つまりわれわれが彼らに奉仕したがるのは、奉仕自体が目的であって、高貴の人に「恩義を感じさせた」という「虚栄」と「名誉」以外にはなんらの報酬を期待しているわけではない。こうした服従のための服従を楽しんでいるのであって、社会秩序はこうした人間の性向によって最も強く支えられているとスミスは見た。

続いて同書の第一部第四編第三章において、スミスが人間の性向を次のような図式で捉えている点にも注目したい。野心と競争心（emulation）が一大目標とするのは、「人類の尊厳と賛美とに価し、かつそれを獲得し、享楽すること」にあるが、この目標には二つの異なる道が人間には開かれているという。ひとつは、知識の探求と美徳の実践による方法、もうひとつは富と権力の獲得による方法である。人間の眼前にはこの二つの方法が存在し、そのうち少数の者が知識と美徳を賛美する選良となり、大多数の人間は、利害関係が薄いにもかかわらず、富と権力の賛美者であり崇拝者となる。富と権力を崇拝・賛美することによって特に何の恩恵も得られないのに、人々はそれを崇拝・賛美することに満足するのである。社会階層には、こうした人間感情が生み出す格差の「構造」があるとスミスは指摘するのである。

比較と差の過大評価

さらにスミスは『道徳感情論』の第三部第三章「良心の作用と権威について」において次のような逸話を紹介している。「社交好きの軽薄なローゾム侯爵はバスチーユ牢獄に監禁され、孤独の生活をしていても、一定の時間が経過すると、彼は十分心の落ち着きを取り戻して一匹の蜘蛛を飼うことに自ら打ち興じることができるまでになった。一層好条件に恵まれた人の心は、おそらく一層速やかにその落ち着きを回復するとともに、また一層速やかに自分自身の思想のうちに、はるかにすぐれた娯楽を見出すにちがいない」と。

そしてスミスは次のように推論する。人間の悲惨は、ひとつの状態と別の状態との間の差異を過大に評価することから生じる。貪欲《どんよく》は、貧困と富貴との間の差異を過大に、野心は私生活と公的地位との差異を過大に評価することから生まれる。こうしたスミスの指摘は重要な論点を含んでおり、社会政策的には二つの側面を持つことに注目したい。ひとつは、「慣れ」を主観的満足度との関連でどう捉えるかという問題。もうひとつは、差を過大評価する傾向にある「比較」をどう考えるかという問題である。前者は、「慣れ」が不満足度を次第に過小評価する方向へバイアスをかけること。この例として、求職意欲喪失者が、失業者であることをやめて労働市場から引退してしまうようなケースが挙げられよう。また後者の例は、Klingemann（2000）とVeenhoven（1997）が報告した通り、一般に最貧国の「自己申告された満足度」は極めて低いという事実にも現れている。

能力と相続

本章では次のような仮説を提示した。

（1）所得格差という客観的データの解析はそれ自体重要であるが、その格差を人々がどのように感知（perceive）するのか、という問題は社会の安定性や秩序とかかわってくるため、さらに重要であろう。この差の感知の構造は決して所得格差と単調増加の関係にあるわけではない。

（2）この感知の最も簡便な指標は「満足度」であり、通常いわゆる「主観的」なデータとみなされるものである。しかし社会の秩序や安定性がこうした主観的な満足度・不満足度に依存しているとすれば、この主観的データもそれ自体高い価値を有するはずである。この「満足度」の構造をより具体的に知るひとつの方法として、（内閣府の）『国民生活選好度調査』を用いて人々の属性別に満足度の構造を調べるという作業が必要であろう。どのような社会的・経済的特性や背景を持つグループが、収入や所得の格差、機会の平等度などをどう感じ取っているのかを知る必要がある。

（3）人間の満足度の構造について鋭い分析を加えた研究として、アダム・スミスやヒュームの人間本性と道徳感情の分析がある。アダム・スミスの議論から、当面のわれわれの問題意識と関連する諸点を三つほど採り出しておく。ひとつは、他人の所得や地位の向上に対して人々が抱く気持ちは、その所得や地位の向上がどれほどのスピードで起こったのか、どれほどの地道な努力の結果達成されたのか、どのような運に左右されたものなのか等に大きく依存している。第二に、格差そのものによって社会の秩序や安定性が保たれているという側面も無視できない。人間は誰しも富者や権力者への賛美の感情を持つからだ。言い換えると、格差が消滅してしまった社会は、かえって、わずかな違いをめぐる嫉妬と怨望によって極度に不安定になる恐れがあるということである。第三に、人間生活の悲惨と混乱の最も大きな原因は、自分の境遇と他人の境遇を比較することから始まるが、ある恒常的境遇と他の恒常的境遇との差異を過大に評価することによって、さらに悲惨の度合いは強まるであろう。

本章では、「平等への道で、最後の決定力を持つ」とトクヴィルが指摘した相続法の問題に触れることはできなかった。世代を超えて平等化に大きく作用するのは、相続制度である。家計資産のうちで相続資産の占める割合は、言うまでもなくこの相続制度によって左右される。しかしこの議論を徹底していくと、問題は意外なところまで行き着かざるをえない。人的資本の格差をどう捉えるのか、遺伝子に課税するということは許されるのかといった、およそ人間の自由に根本的にかかわる問題に立ち入ることになるのである。

第7章　知識は公共財か
——学問の自由と知的独占

物事を知る、あるいは自由に発言するということには、「私的」な精神的欲求と、「社会的」効果という二つの側面が存在する。言論の自由や知識の所有権の問題を考える場合、「私的」な精神的欲求の実現なのか、その結果が「公共性」に益しているのかという点を区別する必要がある。私的なレベルでの知る自由・発言する自由は、公共の福祉を増大しうると同時に、公共性という観点からの制約を受けることがあるからだ。

教育と研究を行う組織の構成員が、調査・研究を行い、自分の意見を述べ、思想を伝え、自分が正しいと思うことを言葉にするという自由は、「真理」への有効な接近方法として古代ギリシャの哲人たちが発見した智恵であった。真理の発見に奉仕する団体としての大学が求める「学問の自由」が、「大学の自治」の問題と関連してヨーロッパ世界で強く意識されるようになったのは、いわゆる宗教上の「寛容の思想」が重要性を持ちはじめる一六世紀のトマス・モア、あるいは一七世紀のジョン・ロック以降のことであった。

「学問の自由」を促進する基盤となった社会的な条件として、（1）国家間の貿易の拡大により、知識の伝播《でんぱ》が盛んになりはじめたこと、（2）思想や知識も、競争し、論争し、証明しあうことによって、その価値や有効性を確認するという姿勢が強まったことが挙げられる。知識にも所有権が生まれ、知識が取引される「市場」が生まれたのだ。大学に実用的な教育と研究を導入すべきだという産業界からの強い注文が現れるのは、一九世紀に入って工業化が急速に進展する頃からであり、時を同じくして、知的独占を意味する「パテント」の立法化が米国、フランスを皮切りに急速に進みはじめる。

偶然による発見

歴史的に見ると、人間が「知ることを欲する」がゆえに行った研究が、意図せぬ結果を偶然生み出し、それが有益な知識として利用されるという例は多い。もちろん、はじめから特定の問題や困難を克服しようとして探求していたものが、長い努力の末に発見されたこともある。しかし好奇心の偶然の結果として、人類が獲得した知識は莫大な量にのぼるだろう。

もちろん、「偶然」獲得したといっても、そもそも求めていなければ、見つかったことに気づくことはないのだが。

F・ベーコン『学問の促進』（一六〇五）には近代科学の誕生期の「発見」の例がいくつか挙げられている。例えば「医薬と治療法が先に見出され、後に理由と根拠が論ぜられたのであって、理由が先に見出され、それらの光によって医薬と治療法が発見されたのではない」という古代ローマの学者ケルススの言葉をベーコンは引用する。これは近年しばしば語られるSerendipity（元来、「掘り出し物」を見つける才能を意味した）という言葉を想起させる。Serendipityは、学問の発展にとって重要な働きをしてきたのだ。

偶然の重要性を示すもうひとつの例は、ある目的を持って追究された問題の解決が不可能とわかった段階で、結果として科学の新しい概念や原理の定立に至るというケースである。科学史上よく知られた例として、錬金術と永久機関の追究がある。

錬金術は卑金属に化学薬品を加えることによって貴金属（多くは金）を精錬しようとする実験を指す。その歴史は古代ギリシャ、アラビア、中世ヨーロッパと長きにわたるが、神秘主義や魔術とのかかわり、政治や宗教上の権力者との関係が重視されるあまり、その副産物と科学史上の意義は取り沙汰されない。しかしその近代科学への貢献は意外に大きい。錬金術が袋小路に追い込まれたことによって「元素」という概念が初めて確立され、サイエンスとしての化学（Chemistry）が誕生したからである。また錬金術は、蒸留技術を進化させて高純度のアルコールの精製を可能にしたこと、天然物からの成分単離、ヨーロッパでの磁器の製法の確立にも貢献したといわれる。錬金術によって分析化学、化学工業の基礎が築かれたといっても過言ではない。

永久機関の追究にも、物理学上の貢献があったといわれる。永久機関は、「外部からエネルギーを受け取ることなく、仕事を継続できる装置」を意味する。霜山徳爾《しもやまとくじ》『黄昏の精神病理学―マーヤの果てに』によれば、分裂気質のものがこの夢想をよく抱くという。この夢が実現したとすれば、エネルギー問題は存在しなくなる。一八世紀の科学者は、この装置の実現に多くの時間と労力を費やしたが、力学的に実現不可能なテーマであることがわかってくる。熱を用いてもこの夢想が実現不能であるということは、熱力学の法則の定立へとつながり、そこから物理学の一大分野が開拓されることになったと科学史は教える。

こうした例は、学問の進歩においては、意図と結果が必ずしも直結しないことを示している。研究は、当初の目的や計画通りに必ずしも進まない。当初の関心から次第にずれることもあり、途中で全く別のアプローチを取らざるをえない事態も生じる。試行錯誤（trial and error）の積み重ねなのだ。もちろん、明確な意図を持って探求した結果、求めたものが直接得られるということもある。しかし学問の歴史の中で、重要な発見や発明は、意図しないところから「偶然」生まれ出たというケースが多い。

言うまでもなく、偶然を必然へと転化する力量は、研究者の「探す能力」と「関連づける能力」であろう。何も探していないのに、新しいものが見つかることはない。だからこそ、偶然に賭けるという余地を残すために、知的な自由は確保されなければならないのだ。

このように自由は人間の知識の不完全性に対処するための「制度」という側面を持つ。「意図と結果の齟齬《そご》」を許す自由があったからこそ、人類が現在持っている膨大な知識のかなりの部分を生み出しえたのである。人文学・社会科学においては、同時代人から「異端」とみなされていた学説や理論が、後世の常識となったものは多い。中世哲学のトマス・アクィナス、経済学のアダム・スミスが異端妄説とされた時代を考えると、固定的な意図を持った研究の限界は明らかだ。

学問の自由の働き

以上のように、人間の知識の不完全性に対処するための「制度」として自由を捉えた場合、自由は単に私人の精神的欲求の擁護という話に留まるものではなく、真理、善、美など社会のもろもろの価値を実現させるための重要な社会制度であることがわかる。われわれの知識が不完全であるからこそ、真理への扉は常に開かれていなければならないのだ。

実は大学が担っている重要な社会的任務のひとつが、この「自由」を確保するということにある。大学とは、すべての知識と科学、知識と原理、研究と発見、実験と思索といったものを高度に保護する力であり、知識の領域を定め、すべての分野において侵害や、屈従が起こらないように監視する場所である、というJ・H・ニューマン（一八〇一～九〇）の言葉の意味は重い。ニューマンの考えは、「社会に有用な人を育てるのが教育の目的である」という功利主義的な主張を排除するものではないが、それ自体に目的価値を持つ知性の涵養《かんよう》、人間性の完成を大学教育の目的と考えたのである。

ここには、学問の自由が、単に個人の「知る権利」の擁護としてではなく、社会全体が自由かつ適切な判断を下せるために必要な制度なのだというニューマンの「学問の公共性」の認識がある。その時々の政治権力から（それを支持するにしろ、批判するにしろ）自由な判断が人間社会にとっては必要不可欠であるとしたニューマンの「オックスフォード運動」は、単なる宗教運動ではなく、神学への国家の干渉を弱めるという意図があった。自由な知識、普遍的知識を標榜したニューマンは、大学が教会の管理下に置かれることに強く反対したのである。

大学が自由でなければ、社会は自由でない、と言うこともできる。いかなる学問分野でも、人間は完全な知識に到達したわけではない。人文学・社会科学の分野においては特にそうであろう。だからこそ、獲得された知識を「絶対的なもの」として、他を排除する姿勢は、学問の進歩にとって有害なのである。学問の自由は、新しい真理を求めて馬で疾駆する人が、馬に当てる鞭のような働きをするのである。

終身在職権の是非

このような「学問の自由」は、大学における教師の終身在職権（tenure）とも深く結びついている。近年、先進工業国の高等教育・研究機関で、雇用形態に関して共通の傾向が生じている。そのひとつは、教育研究に携わるものの雇用が、一部短期化しはじめているということだ。日本でも大学の教員任用について、「組織運営の活性化」という理由で制度の変更があった（大学審議会「大学教員の任期制について」〔平成八年十月二十九日〕）。大学の閉鎖性の排除、流動性の促進、社会人・外国人の任用の拡大などが大学の活性化にとって必要だとの判断が文部科学省や大学審議会にあった。その結果、教員の選択的任期制導入が答申され実施に移されたのである。選択的任期制とは、学内の、どの組織、どの職に、任期をつけるかは、それぞれの大学の選択に委ねるという意味である。全面的な任期制の導入ではないものの、従来よりも広い範囲で、任期つきの採用が増えたことは確かである。

日本では、あるプロジェクトへの雇用はそのプロジェクトの継続期間中（例えば五年）は保障されているが、プロジェクトが終了すれば雇用契約も終了し、別の就職先を見つけなければならない（特に若い）研究者が増えている。もちろん研究者を試用期間的に短期間雇用するという仕組みは従来からあった。例えば大学や研究所の助手を三年契約、五年契約といった短い期間で雇い入れることは稀ではなかった。しかし近年は、教授職や研究員職にも、そうした期限つきの雇用形態が目立ちはじめたのである。

研究者のほとんどは、仮に任期が限定されたポストと終身在職権のあるポストを提示されたとすれば、前者のポストの給与がよほど高くない限り、後者の職を選ぶであろう。給与が同じであれば、生涯に稼得する所得を確率でウェイトづけして期待値を計算すれば、雇用が保証されている方が生涯所得が高いことは明らかだからだ。大学経営の財政事情から考えれば、終身在職権を保障して給与は低く抑えるという雇用契約の方が都合がよいことは確かだが、このシステムでは終身在職権を保障された研究者の生涯にわたる研究の質が保証されない。終身在職権は、学問の自由の保障にとってはプラスであるが、何もしない自由をも保障してしまうリスクも含んでいる。研究を進展させる要素と、研究を停滞させる両方の要素を持っているのだ。

他方、全員任期制であれば、前に述べた「逆選別」によって人材の質の低下が起こる可能性がある。教授への隷従の度合いが強まり、教授の方も若い研究者を教育・訓練するという意欲が弱まり、全体的な業績低下も起こりうる。ということは、任期制であっても、終身雇用制であっても、それぞれ一長一短で、優れた人材を確保するためには他の制度を補完的に組み合わせなければ、望む目的は達成できないということになる。その補完的な制度のひとつが、大学を「外部から評価する」という制度であろう。

言論の自由

以上のように、研究と教育に携わるものに終身在職権を保障することが、「学問の自由」の実質的な保障と考えられるが、この「自由」には、単なる私人の精神的な欲求という意味以上の、公共的な意味が存在する。この公共性の価値を尊重し、「公共の哲学」を信奉する社会の中にのみ、思考し、質問し、意見を言い、出版する自由のための根拠が存在するのだ。何人《なんぴと》も、好きなことを好きなときに勝手に発言する無制限の権利が与えられているわけではない。

「言論の自由」は、西欧社会の宗教的な確執の中から「寛容の精神」として生まれ出た。その根拠は、ギリシャ人たちが、ソクラテスの対話で示されたように、「弁証法」こそが真理に到達する有効な方法であることを発見した点にある。自由に語る権利を保証することは、真理の獲得、善い社会の形成にとって欠くべからざる手段のひとつだと気づいたのである。

しかし自由に語ることには様々な政治的、道徳的問題が伴う。特にいわゆる「権力」の座にあるものにとって、言論の自由は自らの有する権力への脅威ともなりうる。近代の「自由の母国」イギリスにおける自由を求める闘争の歴史を見ても、この自由の政治性を知ることができる。清教徒の革命は、それまでの王制下における厳しい出版物の検閲システムを解体し、印刷と出版を自由にした。しかしその結果、様々な異端妄説が蔓延しはじめ、王党派の逆襲に対応しきれなくなった長期議会は、一六四三年に検閲条例（Licensing Order）を出した。いかなる書物もまずもって当局によって許可されるのでなければ印刷し販売してはならないという長期議会のこの命令に対して、共和主義者J・ミルトン（一六〇八〜七四）は「言論の自由」論の古典と呼ばれる『アレオパジティカ』（一六四四）で、激しい抗議の条例撤回要求（無検閲）の意見を書き上げた。その中の印象的な一節を引用しておこう。

善と悪との知識が、喰いついて離れぬ双生児としてこの世に跳び出して来たのは、味わわれた一個の林檎《りんご》の皮からである。そしておそらく、これこそアダムの陥った運命、善悪を知る、換言すれば悪によって善を知るようになったあの運命なのである。それゆえ人間の現状を以ってしては、悪の知識なくして、何処に選択する知恵があり、何処に差し控える節制があるか。悪徳とその持つあらゆる誘惑と外観的の快楽とを理解し・考察し、しかも節欲し、しかも識別し、しかも真によりよきものを選ぶことのできる人こそ、真実のキリスト教徒である。一度も打って出て敵にまみえることなく、塵《ちり》にまみれ汗を流して後不滅の栄冠が勝ち得られる競争裡から、こそこそ逃げ隠れるような、訓練されず、鍛錬されぬ、退嬰《たいえい》的・逃避的な美徳を、わたしは讃えることができない。

ミルトンの言論の自由の弁護論の背景には、キリスト教の神学思想、特に、人間の不完全な判断力と神の完全性への強い信仰があり、この「悪を知らずして完全な徳を体得することはできない」という認識に注目すべきだろう。これを「知」の世界について言い換えると、誤謬《ごびゅう》の精査なくして、神の真理に近づくことはできないということになる。肯定と否定の対立によって真理への道を進もうとするのが弁証法である。論争者は、双方が論争を始めたときに持っていた知識より一層大きな叡智《えいち》を獲得するために、協力しあいながら議論するのである。

絶対的な真理を議論の冒頭から主張するのではなく、物事を相対的に（時には多元的に）見ながら、批判の過程を取り入れ、真理への道を進もうとしない限り、思想と言論の自由はもはや自明の権利とはならない。マッカーシズムとベトナム戦争に反対の論陣を張った米国の優れたジャーナリスト、W・リップマン（一八八九～一九七四）の言うように、自由は、真理を発見するという希望につながるからこそ高い公共性を獲得するのである。

知りたいことを知ろうとし、表現したいことを表現する権利は、それ自体としては、公共の必要事であるよりはむしろ私的な快感を満たしているにすぎない。言論の自由や表現の自由は精神的な自由であるから、対立利益が何か、「公共の福祉」に抵触するか否か、による制約を課しにくい場合がある。しかし名誉の毀損《きそん》、プライバシーの侵害や、醜い自己顕示、虚偽の広告などの行き過ぎにより「真理と善の核心」が見えなくなれば、言論の自由は害悪を生む。自由（freedom）と放縦《ほうじゅう》（license）の境界線は、言論の自由がもはや「善き社会」を生み出す手続きとして尊重されなくなったときに現れる。

弁証法的な対話（dialogue）は科学や学問一般だけではなく、道徳的および政治的真理に到達するためのひとつの手続きでもあるから、進んで討論する権利は保護されねばならない。これは序章で述べたように、F・ナイトが、インテリジェンス、つまり知性が自由社会の価値の相克を解決する役割を担うと述べていることと同じである。個人の道徳原理から立法の規範原理に移るとき、この移行過程は、近代社会では、政治の仕組みとしてはほとんどの場合が代議制のデモクラシーを制度として持つ。民主的な討論の過程でインテリジェンスをどのように働かせていくのか、そこに最大の、そして最も困難な現代社会の問題が存在するのである。

リップマンは言う。「公共の哲学においては、言論の自由は意見の対決のための手段と考えられる――例えばソクラテスの対話におけるごとく、学校教師の討論におけるごとく、科学者や学者の評論におけるごとく、法廷におけるごとく、代表議会におけるごとく、世論の広場におけるごとくにである」(Walter Lippmann, *The Public Philosophy*, p.98)

知的独占は社会に益があるか

知識をめぐって近代社会で立ち現れたもうひとつの問題は、知識に所有権があるのかという問いであった。この問いに対して、「アイディアや知識に一定の財産権を与える」と応えるのが特許制度である。特許制度は、発明を公開する代償に、その発明者の独占的な使用権を主権者が認め、その使用の利益を一定期間保護するという制度である。知的財産権を認めることによって、発明を奨励し、産業を振興させるという考えである。ただし知識の使用に「独占権」を与えるため、その知識を自由に（対価なしで）使う場合と比べて社会的余剰を低下させる効果を生む。しかし新しい知識をすべて公開し、ブランドを全く自由に使えるようにしてよいのだろうか。ブランドネームを築き上げるために多額の「投資」をしてきた企業を、突然現れた後発の競争相手が打ち負かすことがある。先発企業が発明やブランドの確立のために投じてきた費用を回収できないとすれば、それは公正さを欠くのではないかという感覚を誰しも持つはずだ。

歴史的には、特別な技術の発見者に対して、王が特別の権利と特権的処遇を与えるというケースは、西洋中世世界にも存在した。しかし、憲法の枠組みの中で知的財産権が認められたのは、米国や革命後のフランスであった。これらのデモクラシー国家で初めて、憲法に基づいた知的財産権に関する法律が制定されたのだ。一九世紀に入ると、こうした先例をモデルとしつつヨーロッパの主要国やブラジル・メキシコも「特許法」を制定した。しかしその後一九世紀半ばごろから、知的財産権を否定する反パテント（anti-patent）運動が起こりはじめる。

こうした反パテント運動が起こった原因のひとつは、パテントという概念そのものの曖昧さにあった。一口に「特許法」といっても、その内実は幾多の難題を抱えるものであった。何をもって新奇（novel）かつ有用（useful）とするのか。そもそも自然の法則を見つけたこと（つまり「発見」）と発明はどう区別されるのか、既知の技術を新たに結合したものはパテント化できるのか、ほぼ同時に発明がなされたようなケースでは、何をもって「先であった」と判断するのか。発明した時点なのか、出願の時点なのか。どれほどの期間、パテント技術に独占的利益を認めたらよいのか。こうした問題は決着がつきにくい。

特許制度は発明を刺激する、という主張についても問題なしとしない。人が何かを発明するのは、必ずしも経済的な利益を目的としているわけではない。単なる知的好奇心から、あるいは個人的な名誉心から、といった動機もあるからだ。こうした動機の複雑さも、特許の是非を論ずるとき考慮する必要がある。

筆者は、アイディアなり知識の使用が、著作権など法律で守られていることを不合理に感じたことがあった。もう十数年以上も前のこと、一高寮歌の歌詞を紹介しながら日本の旧制高校生のエリート意識について論評したことがあった。あの「栄華の巷《ちまた》低く見て」あるいは「濁れる海に漂える我国民を救わんと」などの歌詞がどうも鼻持ちならないと書いた。その原稿が本になる前に、編集者から思いがけない事情を説明された。「あの長さの歌詞の引用には日本音楽著作権協会（ＪＡＳＲＡＣ）からの利用許諾が必要です」というのだ。その際、著作物利用料の徴収問題も生まれるといわれて驚いたものだ。楽曲や歌詞の著作者の権利を一定程度保護するということはわかる気もしたが、すでに亡くなった人にとっては「使用されることは名誉」なのに、その権利を第三者が経済的に守るというのはどういうことなのだろうか、という疑念が湧いた。「音楽文化の普及発展に資する」ことに主眼があるのなら、こうした芸術的著作の成果の第三者による仲介業の「独占」は逆効果ではないかと感じたのである。

無形のもの、特に思索による成果・業績を「知的財産」として認め、その所有権を保護することによって、製作者の経済的利益を守り、知的活動を活発化するという論理はわかる。しかしあの一高寮歌「春爛漫《らんまん》の花の色」「嗚呼《ああ》玉杯に花うけて」を作詞した一高生、矢野勘治に、そのような意識はあったのだろうかという疑問は消えない。JASRACが過去の音楽上の著作物に対して「保護する」というのは、仲介業者による「知的独占」ではないかと。

知的財産権の中には、芸術・学術上の著作物、実演、CDやDVDなどの複製芸術品、発明、科学的発見、意匠、商標など「人間の創造的活動によって生み出されたもの」が多く含まれる。こうした創造的活動を活発にするための法律が「知的財産基本法」である。一定期間、知的創作物の利用をその創作者のみに排他的(独占的)に認めることによって、模倣者が直ちにその利益に与ることを阻止するのが目的である。さもないと発明や発見を行おうとする意欲が衰退する、というのが通常主張される主な理由なのである。

こうした論理をなんとなく信じている人は多い。他面、例えばパテントを取得している医薬品が「独占力」で極めて高価になり、その薬剤を必要としている沢山の患者の手に届かない、といった知的独占の弊害もある。第4章で取り上げたように、エイズの特効薬がパテントで保護されたため極めて高価になり、緊急にその特効薬を必要とする貧しいアフリカの患者が買えないという事実は、経済倫理の問題として激しく議論されたことは記憶に新しい。

知識の共有化と生産性

それにしても、パテントによる独占権がないと、本当に人は発明や発見に励まないのだろうか。アルキメデスもピタゴラスも、自らの発見した真理に対して、使用料を請求したい気持ちを持ったのだろうか。この問題に最近明白な理論的解答を与える研究が本としてまとめられた。ミケーレ・ボルドリン、デヴィッド・K・レヴァイン『〈反〉知的独占―特許と著作権の経済学』である。著者は、「知的財産権」は、著者や発明者を特権化し、仲介業者に莫大な利益をもたらす「知的独占」だから廃止すべきだと理論的・実証的に説明する。著者たちは、知的財産権がなくても、発明や創作は行われてきたのであり、知的財産権の保護は既得権益者が後発による改良によって追いつかれるのを防ぐために使われることが圧倒的に多く、イノヴェーションの阻害要因になると論じている。少なくとも、過去の著作物の利用を困難にする「知的財産権」は、デジタル情報が安価に流通する現代においては、その根本が見直されるべきだろう。ちなみに同書は著作権を取ってはいるが、著者たちは自分のウェブサイトで全文を無料公開している。多くの場合、こうした無料公開には、かえって本の売り上げを促進させる効果が認められるようだ。

こうした「反知的独占」に関して、アナリー・サクセニアン『現代の二都物語―なぜシリコンバレーは復活し、ボストン・ルート128は沈んだか』は先端技術に関する興味深い実例を示しているのでここに紹介しておこう。

一九七〇年代のアメリカのコンピュータ産業は、MITをバックにするボストン近郊のルート128を本拠地にしていた。しかしその後、スタンフォード大学に近いシリコンバレーの追い上げに遭い、ルート128は敢えなく敗退する。その原因は双方のエンジニアの労働市場の構造の違いによるとサクセニアンは論じている。シリコンバレーはエンジニアが流動的で地域内の企業間を移動し、競争企業同士がアイディアを自由に交換するという文化を共有しているという。エンジニアが企業を移動しても、元の企業で使われたアイディアを活かす自由は許された。この点、ルート128の企業間の「ルール」は根本的に異なり、秘密主義が徹底していた。シリコンバレーでは新しい知識が企業を超えて普及していったのに対して、ルート128では、エンジニアは転職する際、一、二年の間はライバル企業に就業することが禁止されていたのである。このような、企業間での知識の流出・流入を避ける（共有化を避ける）ルート128の体制が、自由な普及を認めたシリコンバレーの体制に敗れたというのが、サクセニアンの推理の結論であった。

企業ないしは企業群の衰退には多くの要因がありうるため、この「二都物語」の栄枯盛衰の例が、「反知的独占」の十分な証明になっているのかどうか、さらに多角的な検証が必要とされる。しかし次のことは確かであろう。知的独占か反独占か、おそらくこの難問の解は、

（１）新しいアイディアが生まれるような刺激を与えること（革新者への報酬）、（２）そのアイディア自体を社会的に共有し、多くの人が利用できるようにすること（技術革新の普及）、の中間にあるのだろう。この中間に存在する「最適点」を選びだすことが必要なのであって、いずれの「端点」もベストの解にはならないようである。

知的独占の是非に関する議論は、技術・知識の公共性・公益性の問題以外に、その分野での革新の速度によって変わってくる可能性がある。先に引用した「二都物語」の場合は、少し前の知識がたちまち陳腐化するような超スピードの技術競争のケースであった。新しい技術を開発しても、二番手にすぐ追いつかれてしまうような場合、独占的な立場を守ることに拘泥するのはあまり賢明ではない。常に「ご破算」からの出発で（「雪だるま」型ではなく）競争をする場合には、他社の技術者との知識と情報の交換は相互に極めて有益になるからだ。

第8章　消費の外部性
——消費者の持つべき倫理を考える

消費の副作用

個人の自由と思われている消費行動にも「心の行儀」（私徳）としての倫理が存在する。衝動買いをしてしまい、そのあとその購入物を放置されたままにするような「無駄」と「浪費」は倫理に外れた例である。逆に、消費すべきときに出し渋る「吝嗇《りんしょく》」によって、まわりの人間を物質的・精神的に不快にさせるのも不徳であろう。

しかし消費行動には社会的な（公の徳としての）倫理問題が存在することを見過ごしてはならない。社会に生きる人間は、心の行儀（私徳）だけには収まりきれない倫理問題を抱えているのだ。例えば、「悪趣味」の一語に尽きる色の塗料を自宅の外壁に使ったり、消費し終わった飲み物のカンやビンを投棄して他人や地域を困らせるような行為が挙げられる。これは消費行動が経済学でいうところの「外部性」(externality)を持っていることを意味する。消費という行動も他者へ「副作用」を及ぼすことがあるのだ。この「外部性」には、他者を快くさせて効用を増加させるような「正の外部性」も存在する。しかし社会問題となるのはもちろん「負の外部性」の方である。

「負の外部性」は生産活動に関してはしばしば論じられてきた。公害問題はその代表的ケースであった。ある企業の生産活動から生み出された負の副産物(有害物質)が、近隣の農業や漁業に大きな打撃を与えるようなケースである。こうした外部性によって発生する厚生のロスに対していかなる解決策がありうるのか。R・コース(一九一〇〜)は概略次のような答えを導き出した。資源への所有権が確定しており、各経済主体が取引費用なしで互いに交渉できれば、こうした「公害」の費用は自発的取引で被害者から汚染者へと転嫁しうる。また、社会的余剰、すなわち国民所得の価値や構成はこの自発的取引によって影響を受けないこと、取引費用が仮に大きくても、こうした外部性による「市場の失敗」よりも、むしろ政府介入による「政府の失敗」の方が経済的厚生のロスを大きくするケースがありうることを示したのである。

消費活動にも生産の「外部性」と類比的な問題が存在するが、消費の場合、何をもって

「負の副産物」とするのかは難しい。悪趣味な衣装を身につけている人に、「その服は不快だから替えてほしい」と言える場合はほとんどない。風紀を乱す、あるいは公序良俗に反すると断定できるケースと「自己を表現する自由」との境界線は紙一重なのだ。

もうひとつ、倫理性が問われるのは、ある財の消費の行き過ぎがその供給を枯渇させ、あとの世代からその財を享受する機会を奪ってしまうような「世代間の不公正」である。神から与えられたこの世の恵みを、ひとつの時代、ひとつの世代の人間が独占的に享受してしまうことの是非である。独占的消費によってこの世から全く姿を消した財や資源は少ないかもしれないが、濫獲《らんかく》や過剰消費によって値段が急騰して「高級品」と化し、あとの世代の消費を困難にする例は数多い。

流行と美意識

さらに「流行」の問題も挙げておこう。ひとつの財が圧倒的な勢いで市場を制覇したために、競争的・代替的な関係にあった財が市場から駆逐されてしまい、少数派の嗜好《しこう》が消費の選択肢から消えてしまうというケースである。

古い温泉宿もそのひとつかもしれない。日本全国、いわゆる「秘湯」が少なくなり、温泉宿はどこも同じようなスタイルになってしまった。見事な大浴場、しゃれた露天風呂、ゲーム機器、そして食べきれないような料理の山。これらすべてがどこの温泉に行っても同じようになり、昔の、あの鄙《ひな》びた、過剰サービスのない、静かな「秘湯」は少なくなった。温泉宿は、結局、大量の料理とステレオタイプなサービスで多くの客を呼び込まざるをえなくなったのだ。

近代以降、市場とデモクラシーを通して多くの社会が経験してきた「画一化」の浸透によって、少数派の選択の自由が狭められてきた問題、と言い換えることができる。大衆社会の消費は市場を通して常に少数派を圧迫する。ちょうど、デモクラシーが多数派の力で、少数派を圧迫するように、消費者は「何かを選ぶこと」によって、結果として市場に大きな影響を及ぼしているのである。

この点に関連してトクヴィルが、デモクラシーと貴族制のもとでは、「職人の精神」にいかなる違いが生まれるのか、それが人々の美意識にいかなる影響を及ぼすのかと問うている。彼は次のように推論する。民主制のもとでは国民は、概して生活を美しく飾ることを目的とする芸術よりも、生活を楽にするのに役立つ芸術を好んで育てる傾向にあるという。彼らは習性として美しいものより役に立つものを好み、美的なものが同時に有益であってほしいと願うというのだ。

特権の世紀、すなわち貴族制社会では、ほとんどすべての芸術作業はそれぞれの職業分野がひとつの団体を形成し、職業団体としての意見と誇りを職人たちは持ちあわせていた。彼らの行動の基準は、自分の利益でもなく、顧客の利益でもない、団体の利益であったという。この点は、一世代前まで存在したいわゆる「画壇」や「文壇」の果たしたプラスの機能とも似ている。団体の利益は、職人ひとりひとりが傑作を作ることによってもたらされる。貴族制の時代には、芸術の目標はできる限りよいものを作ることであって、「最も迅速に」でも、「最も廉価に」ということでもなかった。貴族制にあっては、職人たちは限られた数の滅多に満足しない顧客のためだけに働き、彼がどれだけの収入を期待するかはもっぱら製品の出来栄え次第であったとトクヴィルは言う（『アメリカのデモクラシー』〔一八四〇〕）。

ところがデモクラシーのもとでは、生産者は互いに交流し他人の仕事に関心を持つことは少なくなった。社会的なつながりが崩れ、多くの人は、最小のコストで最大限の金を稼ぐことしか求めなくなる。ものを作る人を抑制するものは消費者の意向だけになったのだ。他方、自分の力以上の欲望を持つ消費者が無数におり、これらの人々はできの悪いもので我慢することはあっても、欲しいものを諦めることはないとトクヴィルは述べる。

そして金を儲けるには万人に安く売らねばならないことになる。そのために価値を引き下げる方法は二つしかないことに気づく。第一は、技術そのものを改良することによって、よりよい生産手段で、より迅速でより巧妙な製法を導入することである。第二は、薄利多売の方針で粗悪品を大量に製造することである。民主的国家にあっては、職人はその知恵のすべてをこの二点に傾注する。もちろん、時間と労力に相応の報酬を支払う顧客が現れれば、デモクラシーにあっても、すぐれた作品が作られることがないわけではない(『アメリカのデモクラシー』)。しかし、貴族制の時代に比べ、芸術愛好家の多くは比較的貧しくなる一方、ほどほどに経済的な余裕があり人真似から美術品を好む人の数は増加する。したがって芸術に関心を持つ人は数としては増大するが、往時の「大金持ちで趣味のよい消費者」は稀な存在になる。そのような状況では美術品の数は増えるが、個々の作品の質は低下するとトクヴィルは予想したのである。人々の美意識も、政治・経済体制と密接に関連しているのだ。

消費は「ひとりの人間の自由な選択」に完全に委ねられているわけではない。政治や経済のレジーム(体制)が強く反映され、人々の好みや需要を変える。と同時に、ひとりの人間の消費行動は、同世代の他の人間の幸福に影響を及ぼすだけでなく、後の世代の人々の幸福をも左右する。この点に留意しながら、消費の倫理的な側面をいくつかの問題を区別しながら見ておこう。そもそも「倫理的」とは何を意味するのだろうか。

倫理は習慣である

倫理は自由意志を前提としている。選択の余地があり、その選択肢の中から自由意志で選び取るからこそ「倫理的」な判断が意味を持つ。自然落下の法則に縛られて落ちていく石に対して倫理を云々することはない。いくつかの選択肢の中から自由に選び取ったからこそ、その選択が倫理的か否かの問いが意味を持つのだ。

さらに「倫理」という場合、一回限りの行動が倫理的であるか否かということももちろん問題となりうるが、一般にある行為が倫理的であるか否かを判断するときには、「習慣」として行っているのかどうかが重要になる。ここで「倫理的」な卓越性、ないしは「徳」は、「行為の習慣化」の中で初めて意味を持つ、というアリストテレスの命題を思い起こしたい。

アリストテレスは『ニコマコス倫理学』の中で、倫理的な卓越性、すなわち徳は本性的に与えられているのではなく、行為を習慣化することによって生まれると見ている。そこが、「知的卓越性」「知的徳」と異なるところである。知的卓越性は、その発生も成長も大部分が「教え示すこと」によって獲得される。したがって経験と歳月とが必要になる。それに対して、ここで問題としている倫理的な卓越性は「習慣づけ」によって得られるというのである。その根拠として、彼は倫理的（エーティケー、英語でいうところのエシック、エシカル）という言葉が、「習慣」「習慣づけ」（エトス）という言葉から生まれている点に注目する。

どんな人間も、一度だけなら、あるいは偶然、あるいは気紛れから善い行いをすることはある。逆に善人でも、過ちや不正を犯してしまうことがある。こうした問題を、倫理的な

「徳」の観点から論ずることはない。その人に善き行為が「習慣づけられている」か否かが問題なのである。人間は、対人的な社会関係における様々な行為の積み重ねの過程において、「習慣」を形成し、その習慣の中から「善い人間」、「不正なる人間」が生まれるのである。

以上のように考えると、習慣としての消費は、単に私的な行為としてモラルの面から正しいか否かを問うのではなく、習慣として形成された消費行為が、倫理的なのかどうかが問われなければならない。しかしその「消費」という概念自体は確定した意味を持つのだろうか。

曖昧な概念

消費とは現在の欲望や必要を充足させるために、財と用役を使い尽くす行為をさす。その意味で、生産が経済財の誕生であるのに対して、消費はその死であるという類比は成り立つ。もちろん一回限りの使用で消え去る財もあれば、「耐久消費財」と呼ばれる財のように、一定期間繰り返し使用され続ける消費財もある。

こう定義されると消費は極めて明確な概念のように見える。しかし実際は「消費」とその対概念である「投資」を区別し、消費の量を確定しようとすると様々な困難に出合う。何が消費で何が生産のための「中間投入物」かという区別も、実はそれほど自明のことではないのだ。中間投入物と最終生産物との区別も、経済活動の基本目的を何と考えるかによって異なってくる。実際、国民経済計算において、生産の費用となる中間生産物を、最終生産物として扱ってしまう可能性は少なくない。

例えば国民経済計算に多大な貢献をした経済学者、S・クズネッツ（一九〇一～八五）の挙げるケースを見てみよう。都市の生活と田舎の生活を比べた場合、前者は食料、衛生設備、リクリエーション、通勤などのために田舎よりもはるかに多くの資源を使わなければならない。これらは通常の国民経済計算では「最終生産物」としてあつかわれている。しかし、これらの支出が現代の都市生活での生産活動に参加するための必要不可欠な投入物であるとするなら、それは最終生産物ではなく中間生産物となり、それを国民所得に含めると二重計算の誤りを犯すことになる。そしてこれらの「中間生産物」的な性格を持った支出が経済成長とともに増大すれば、正味の（二重計算を除いた）経済成長率を過大評価することになる。

このような「最終生産物」と「中間生産物」の区別の難しさは、ある経済行為が消費なのか投資なのかという区別とも関係する。教育や訓練などの「労働の質」を向上させるための訓練への支出を投資とみなすならば、資本減耗《げんもう》を取り除いた産出高を測定する必要がある。そして教育、訓練、保健などの支出を、国民経済計算の「消費」から「投資」（資本形成）に移さなければならない。

こうした問題は、多くの経済行為に含まれる二面性を暗に示している。特に二面性がはっきり表れているのは教育であろう。学校教育の大きな価値のひとつは、新しい知識の獲得から生まれる喜び、友人との目的のない付き合いなど、「現在の満足」に貢献するところにある。したがってこれは「消費」と捉えることができる。さらに、将来のより深い満足（外国語を読む力、歴史書、技術書を楽しめる力）にも寄与する。これは教育には消費として、現在の消費そのもの、そして将来の消費に寄与する「投資」としての側面があることを示している。それればかりではない。学校教育には知識や技能への「投資」という側面があり、この資本投下が将来の収入を高めるという作用もある。

このように見ていくと、消費という概念の曖昧さは単なる測定上の問題に留まらず、経済活動の基本目的を何と考えるか、さらには人間の「生」の目的が何かという問題とかかわっていることがわかる。

アダム・スミスはこの点に関して割り切った考えを持っていた。「消費こそが、すべての生産活動の唯一の目的および目標である。そして生産者の利益は、それが消費者の利益を増進するうえに必要な限りにおいてのみ、顧慮されねばならぬ。この公理は全く明白な事柄であるから、これを証明しようとすることは馬鹿げたことだ」、というスミスの考えは、現代経済学では異なった立場へとシフトしている。現代の国民経済計算では、「将来の消費水準」を高める可能性を持つ投資支出も、国民福祉の代表的な指標である国民総生産の構成要素としているからだ（この点については第11章で改めて論ずる）。

消費も価値を創造する

ひとつ留意しておきたいのは、社会生活における消費自体の意味や機能も、時代や国によって多少の変化と変遷を経てきたということである。アダム・スミスの言葉は消費を「生活の必需品、便益品および娯楽品」という区分によって表現しているが、この規定は生理的欲求の充足から社会文化的欲求の充足までを幅広く含んでいる。消費自体が、社会的文化的に条件づけられることを考えれば、消費行動の動因となる「欲望」は人間にとって与えられたものではなく、いわば内生変数であり、消費内容は文化を規定するだけではなく、文化に規定されるという側面を持つ。その意味では「消費者主権」（consumer sovereignty）という概念はひとつの幻想にすぎないとも考えられる。

消費者が自分で買いたいものを決め、それが市場需要を構成し、市場の供給と相俟って市場の価格と取引数量を決めるというのが「消費者主権」論の基本的な構造になっていた。しかし消費者は自らの内発的な需要を顕示しているのだろうか。企業が供給するものに対して、消費者が受身的に反応しているだけではないのか。だとすれば「供給自らが需要を創出している」ということになる。

例えば、コンピュータの新しいソフト、新しい機能を搭載したモデルが売りに出される日時が発表されると、販売店の前に前夜から長蛇の列ができたとのニュース報道に接することがある。これは供給側が需要を創り出しているのであって、もともと消費者が、そのようなモデルの機器を注文して生産されたわけではない。こうした現象は多くの製品市場で見られる。さらにコンピュータの使用者は、慣れるにしたがって自分のOS以外の選択が次第に難しくなる、つまり、供給側のOSに「ロック・イン」されてしまうのだ。自動車、健康食品、化粧品、医薬品などでも同様な現象が起こる。

もちろん供給側がすべてを規定しているわけではない。供給者である企業が、消費者が何を望んでいるのか、どのような製品であればヒットするのかを読み取ろうとしているからだ。時には、消費者の潜在的な（意識下にある）好みを呼び覚ましている場合もあろう。消費者が自分でも気づかなかった欲望を、企業が刺激し、現実の購入行動へと駆り立てたと考えられるからだ。

洋服を新調したいと考えていたものが、あるデザインの製品に魅了されてそれを購入する場合はどうだろうか。洋服の需要は顕在的なものであっても、「あるブランドのデザインのものを買う」という行為の中には「供給が需要を生み出す」という要素が認められる。生産者が需要を一〇〇%生み出すわけではないが、消費者の方にも自分の欲求から一〇〇%生み出す需要があるわけでもない。消費者は概して企業の宣伝や営業活動に誘導されて自らの消費行動を決める場合が多いのが現実であろう。

ただし消費と生産・流通にかかわる倫理的責任について、次の点を混同してはならない。財を生産するものの責任と、その財の使用に伴う責任は別物だ。いかなる道具・器具も用い方によって不正な行為を生み出しうる。出刃包丁は魚を捌《さば》くのに必須の道具であるが、殺人の凶器ともなりうる。原子力も、エネルギーとして市民生活を豊かにしてくれるが、一旦事故となるとその被害の大きさたるや計算可能の域を超えてしまうほど甚大だ。道具を作るものの責任と、道具を用いるものの責任は区別して考えるべきなのだ。かつて哲学者カール・ポパーは、科学技術を軽々に批判する者に対して、オテロのデスデモーナへの愛と殺人を例に挙げながら「愛ですら人を殺す」と述べた。

以上のように、消費者の倫理を問うことは多くの場合、生産者の倫理を問う問題とも重なる。その意味でも、「消費者主権」という考えは、ある種の極端、ある種のフィクションを含んでいる。消費者が何を望んでいるのかを一番よく知っているのは消費者自身ではない。生産者によって呼び覚まされる欲望があるからだ。人間の欲望が成長したり変化したりする性格のものであるとすれば、それはもはや科学的データとしての首尾一貫性は持ちえない。加えるに、実際の人間の生活は、要求の満足としての消費に留まるわけではない。新しい商品、新しいサービスを生み出すのは、生産者だけではなく、消費者もその製品作りにコミットしている。消費者主権の意味するところをそのように修正するのが現実的であろう。消費者は市場に登場する商品の受身の需要者ではなく、能動的に産業社会の動向に強い影響を与えているのだ。そこには「価値の創造」(creation of value)と外部刺激による欲望の内的形成という側面がある。だからこそ経済学と親戚関係にある「倫理学」という学問領域の重要性が社会科学的にも認識されるのだ。

次世代のために

一般に、消費者は受身であり、産業社会の主役である大企業が生み出す負の生産物の被害者であると強調されることが多い。しかし古代ローマの警句に「買い手は用心すべし」あるいは法の原則として「売買されたものの危険は直ちに買主にかかわる」という言葉がある。もちろん製品の技術面での複雑さにおいて、古代と現代を同日に論ずることはできない。しかし現代の消費者が、あまりにも製品の質や安全性あるいはリスクに関して無頓着、かつ依頼心を強めているのは事実であろう。国が、そして行政が、消費者を常に完全に保護してくれると考えることが当然になっているのだ。

自分の眼、自分の舌や嗅覚は不要であるかのごとく、消費者は「賞味期限」で食品を管理するだけでよいと考える。国や行政に護られすぎた結果、自分自身を守る力を衰弱させ、その結果、日常生活においても他力本願になってしまっているようだ。しかし、できうる限り自分の身は自分で守る「習慣」を身につけ、自分の好みを自分自身の責任で掘り起こすという「習慣」を獲得することによって、初めて消費は倫理性を獲得することができるのではないか。

本章の冒頭で、消費の「外部性」について、同世代の間で起こるケースと次世代のそれとについて触れた。その「外部性」を克服するための根拠としての公共性の中で、「習慣」と関連して特に重要なのは、次世代へいかなる自然環境と社会環境を引き渡すかという「持続可能性」、あるいは「世代間の公正」の問題であろう。天然資源を含めて「環境」をいかに持続可能な形で将来世代に残すかという問題には、次のような理由で本質的かつ倫理的な問いが含まれている。

おもちゃの積み木を崩すように、われわれが「自分で作り上げたもの」を自分で破壊するのは自由かもしれない。しかし、われわれに「与えられたもの」を、勝手に破壊することは倫理的に正しくない場合が多い。「自殺が罪だ」と言われるのは、生命は人間が自ら造り出したものではないから、それを破壊することは「罪だ」とする考えからだ。しかし、新たに何かを造り出すことには常に破壊が伴う。したがってこの考えを常に完全に正しいと言い張ることは難しい。新しい建設には、同時に何かを破壊する必要があるからだ。

だが少なくとも、われわれが「環境」を次の世代に引き渡すとき、「余命いくばく」の状態ではなく、まだ「なんとかやっていける」(muddling through) という状態でバトンを渡すことは最低限の義務であろう。この「最低限の義務」を果たしうるためには、一回限りの思いつきや善行ではなく、「習慣」となった倫理的消費というものが必要不可欠なのだ。

第Ⅲ部　中庸と幸福

文明社会の経済には、国家と個人、市場対個人・企業という図式では理解も解決もできない問題が多く含まれる。市場が共同善（common good）に向けて機能できるようにするにはいかなる制度が必要なのか。「自由で公正な交換」はいかなる体制のもとで実現できるのか。人間の欲求そのものが時に矛盾を含む限り（二重思考）、制度も体制も折衷的にならざるをえない。効率を達成する市場の力を、共同善に配慮しながらどのように生かすのか、そして経済的な福祉（厚生）と人間の幸福にはいかなる関係があるのか、という価値の相克の問題への答えを探りたい。最終章では、そうした相克を乗り越えるために、経済学と経済政策の違いをどう理解すべきかを考える。

第9章　中間組織の役割
――個人でもなく国家でもなく

平等化と結社の関係

現代の経済学は、大企業や労働組合のような、国家と個人の間に存在する「中間的な組織」の機能や役割に十分な注意を向けてこなかった。経済理論では、高度に発達した産業社会を、「独立した合理的な個人」の市場競争と「国家」による統制と介入という二元的な対立図式で特徴づけてきた。

しかし「個人」や「企業」の主体的選択による競争というモデルは、経済学者が分析のために単純化した理論モデルにすぎない。現実の経済システムは、「結社」(associations) としての経営者団体、労働組合、消費者団体をはじめ、数多くの国家と個人の間に存在する「中間的な組織」の動きに規定されている。それは政治の世界でも、「一人一票の投票をベースにした多数決の原則」によって実際の政治のダイナミックスを説明することができないのと同じである。それは議会制民主政のもとにおける「政党」の機能を考えれば明らかであろう。

市場システムにおいても、「中間的な組織」が様々な集合的な力を発揮しているだけではない。個人や企業を取り巻く環境も時々刻々変化しており、効用の体系や利潤とリスクに対する態度も、主体にとって「所与のもの」として外生的に与えられているわけではない。それらはいわば「内生的」に形成され変化しているのである。

仮に、自己の効用の極大という「私的利益の追求」に明確な意味が与えられるとしても、ケインズが「自由放任の終焉」（一九二六）の中で強調したように、世界は私的利益と社会的利益とが常に一致するように、天上から統治されているわけではない。そしてその一致のために「啓発された自己利益」(enlightened self-interest) が常に作用するかどうかは、経済学の諸原理から正しく演繹《えんえき》されることでもない。政府が私的利益と公共の利益を必ず一致させる能力と強さを持つことは、リベラル・デモクラシーのもとでは確実に保障されていないばかりか、一種のフィクションにすぎないのだ。

こうした点からも、その存在が注目されるのは結社であろう。近代デモクラシーの運命を見通したフランスの思想家、A・トクヴィルは、結社の普及は、デモクラシーの社会を分裂させるのではなく、むしろ自己の殻に閉じこもりバラバラになりがちな個人を結合する力を持ち、人々が共同善（common good）へ適応する技術を学ばせると捉えた。自発的な結社は「自治を学ぶための最良の学校」（A・M・シュレジンジャー）となるのである。

「結社」の存在意義は政治的な側面だけに留まらない。政治的な目的を超えて、教育、科学、商業など、あらゆる分野で「文明」を生み出す力にもなっている。言い換えれば、人々が文明状態に留まり、あるいは文明に達するためには、民主化、すなわち「境遇の平等」の進展に応じて、結社を結ぶ技術が発達し、完成されねばならないということになる。民主的な国は、共通の欲求の対象を共同で追求する技術に習熟し、この新しい智恵を数多い目的に適用してきたのだとトクヴィルは言う。「平等」と「結社」の間には必然の関係が存在するのだ。

援け合う術を学ぶ装置

まず注目すべきは、トクヴィルが「結社」を封建時代の貴族階級に「人工的に代替しうる集団」とみなしている点である。封建制下の貴族階級は、主権者が人民の自由を侵害しないための防波堤のような役割を果たしていた。「条件の平等化」を統治原則とするデモクラシーの世界では貴族階級は消え去ったわけであるから、その人工的な代替物が必要だという。

さらにトクヴィルは、結社が、民主制社会の少数派《マイノリティー》の権利を、多数派の専制から護るという役割を担っている点を強調する。デモクラシーのもとでは、個人は独立してはいるが、バラバラでひとりひとりは無力である。したがって、個人は連携すること（associate）によって初めて、多数派に対抗する力を持ちうるとして、次のようにトクヴィルは言う。

……民主的な国民にあっては、市民は誰もが独立し、同時に無力である。一人ではほとんど何をなす力もなく、誰一人として仲間を強制して自分に協力させることはできそうにない。彼らはだから、自由に援《たす》け合う術を学ばぬ限り、誰もが無力に陥る。（『アメリカのデモクラシー』第二巻（上））

このように「援け合う術」を学ぶ装置として結社は機能する。この見方は、結社を「社会を分断する力」としてのみ捉えてきた従来の政治思想を根本的に見直す視点を提供している。デモクラシーのもとでは結社の普及は、人々の共同利益に貢献する方向に働くと見るのである。結社の組織運営は、人々に共同善（common good）へと自己を適応させる技術を修得させるからである。先にも述べたように、この結社によって生まれる力が「文明」を生み出すのである。トクヴィルの「結社」と「文明」の関係についての鋭い考察は、「日常生活の中で結社をつくる習慣を獲得しないとすれば、文明それ自体が危機に瀕《ひん》する。私人が単独で大事をなす力を失って、共同でこれを行う能力を身につけないような人民は、やがて野蛮に戻るであろう」（第二巻〔上〕）という言葉にも示されている。

もちろん、少数派の中には、多数派を「説得しよう」とはせずに、多数派と「戦闘する」という組織もある。これは特にヨーロッパの「結社」に多く見られるケースである。しかし米国の場合、二つのタイプの少数派が存在するとトクヴィルは指摘する。ひとつは、多数派の前に何もなしえない少数派、もうひとつは、いつかは多数派になれると思っている少数派である。彼らは、平和的で、戦術も合法的なのである。

米国では、純粋に精神的な敵と戦うためですら彼らは団結する。節酒のためにも共同で戦うのである。合衆国では、公安、通商、道徳そして宗教のために結社が作られる。あたかも、諸個人が力を合わせて自由に活動することで達成できないことは何ひとつないと思い込んでいるかのようだ。こうした結社の無制限に近い自由こそ、あらゆる自由の中で、人民が堪えうる最後の自由だとトクヴィルは言う。結社の自由が認められている国には秘密結社が見られないと述べ、「アメリカに徒党を組む者はあるが、陰謀家はいない」と述べる。かくしてアメリカは、共通の欲求の対象を共同で追求する技術に習熟し、この新しい知識を数多い目的に適用する国となった。「人々が文明状態にとどまり、あるいは文明に達するためには、境遇の平等の増大に応じて、結社を結ぶ技術が発達し、完成されねばならない」という理解に到達するのである。

米国における結社

これまで「結社」と呼んできたものが、いかに多種多様な団体を含むかについて、その実例を見ることが必要であろう。そのための資料として、米国には、*Encyclopedia of Associations: An Associations Unlimited Reference*（『結社名鑑』）という結社の「名鑑」が公刊されている。教会、クラブ、ロッジ、聖歌隊、互助組合、スポーツ・ティームなど、そのカバーする範囲は極めて広い。この米国の『結社名鑑』を用いて、少し具体的に「結社」なるものの実態、多様性、特質を見てみよう。

筆者の手元には、この『結社名鑑』（以下『名鑑』）の一九九七年版がある。『名鑑』の第一巻は、およそ二万三〇〇〇の国内の非営利の会員組織に関する包括的な情報を提供している。このリストは結社や業界団体の精確な情報源として社会的にも大きな役割を果たしている。その「まえがき」には概略次のように記されている。

元来、個人主義（individualism）を推奨してきた米国人は、他面、常に「何かに所属する」という必要性を感じてきた。「個人個人で」よりも「集団の努力」を通してより多くを達成できることを知っているがゆえに、米国では最も強大な社会的な力のひとつとして結社が形成されるようになったのである。

大部分の結社は、所属メンバー（企業、あるいは利益を共有する専門職や個人）にサービスを提供するために存在する。それはメンバーが個別に行っても効率的にサービスを提供できないからである。しかし、多くの結社が米国で発展してきているにもかかわらず、目に見える形での活動を必ずしも行っていない場合もあり、大部分は依然として十分理解されていないのが実情である。この『名鑑』の刊行理由はそこにあるというのだ。

結社は、所属メンバーだけではなく、米国人全体の日常生活にも多大なる影響を与え、その活動は社会的にも経済的にも市民に様々な便益をもたらしている。個々のメンバーと社会全体への影響力・役割として、次のような要素が挙げられる。

（1）結社のメンバーおよび市民の教育
（2）職業の行動規範の設定
（3）製品の安全性および品質基準の設定と施行
（4）ボランティア活動の推奨と組織化
（5）重要な社会問題の市民への情報提供
（6）情報の収集と散布・発信
（7）情報やアイディアの交換のための討論の場の設置

（8）私的利益の代表者の確保
（9）政治的選択の実行と支援
（10）八六〇万人の雇用

さらに「まえがき」は、全米五五〇〇の結社に関する研究が全米結社代表者協会（American Society of Association Executives）の委託によりハドソン研究所で実施され、その結果、以下の諸点が明らかになったと付記している。

まず、アメリカ人の一〇人に七人がひとつの結社に所属していること。さらに、四人に一人が四つ以上の結社に所属していること。また、調査対象となった結社の九〇％は、メンバーと市民に対して技術的・科学的問題について、あるいはビジネス業務などに関する教育コースを提供しており、その事業のために結社は毎年約八五億ドルを支出していること。さらに毎年、業界標準の設定業務のために一四五億ドルを費やしているという。これは政府が製品の安全標準の策定や実施にかける支出の実に四〇〇倍に相当するらしい。

政治活動より社会貢献

では結社は政治活動に多くの資金を投じているのかというと、実際はそれほどでもない。調査対象となった結社の三分の一だけが政治活動に資金を使っており、その額は活動費の平均五%にすぎない。むしろ結社は、コミュニティ・サービスのために毎年延べ一億時間以上を費やしている点に注目すべきであろう。結社はしばしば、より大きな「共通利益」のためにメンバーの専門的知識を活用しているのだ。

以上述べた特質は、結社の総体的な影響力を論じたものであるが、個別の結社の活動を具体的に検討することも重要であると『名鑑』は強調している。例えば、電子事業連合(Electronic Industries Association)は、職業訓練や職業紹介プログラムを通して、障害のある一万人以上の技術者を就業させている。全米アパレル産業連合(American Apparel Manufacturers Association)は、米国内で二五〇以上の慈善団体や海外一五ヵ国にある慈善団体に、五四〇〇万ドル以上の余剰衣料品を一九八八年に創設された財団を通じて寄付している。

このように結社は米国の市民・労働者の教育と社会貢献で枢要な役割を担っている。すべての産業や職業において、情報やアイディアの効果的な交換のためにフォーラムを開催することによって、市民の生活を豊かにする技術的発見や改善の最前線に立っているのである。

また、消費者の安全や健康を保護し、性能、品質(互換性も)の測定可能な要件に合致する製品を保証するための様々な規格を自主的に設定する。さらに結社は専門職(professionals)の職務規定や倫理規範を策定することによって、職業能力を持つ専門家が適確に等質のサービスを提供できるよう目指している。こうした機能は、専門職への市民の信頼と社会生活における安全・安心を保証するだけでなく、職業上の能力を高めるうえでも重要な役割を演ずる。結社による教育・訓練は大学の学部・大学院の専門知識をベースにしているが、専門家による評価プロセスを促すこと、法的要件に沿ったコースを提供すること、また懲戒処分の基準を設けることによって職業能力を高めていると『名鑑』は強調している。

国家財政への貢献

では、こうした結社と政府はどのような関係にあるのだろうか。連邦政府を含む多くの機関は、結社が調査し、収集・分析した統計データや分析結果を政策策定の際にしばしば使用する。結社の研究活動は産業と職業をより効率的に機能させ、社会の改善のための方向性を示すのに役立つからだ。

また米国の結社は、政府の多くの部門での民主的プロセスの実現に貢献している。議会や行政が法案のもたらす影響について情報を提供するよう結社に求めることがあるからだ。結社から提供されたデータは新しい法律や規制の根拠として、しばしば政府機関で利用されている。例えば、「全国購買管理連合」(National Association of Purchasing Management)や「全国住宅建設業者協会」(National Association of Home Builders)のような結社が定期的に提供するビジネスや消費動向のデータは、商務省や財務省、その他政府機関による経済政策の立案に多大な影響を与えている。結社がまとめた統計情報は、市民生活を保護する安全衛生規則を含む公共政策の策定において重要な判断基準を提供しているのだ。実際、『米国統計要覧』(Statistical Abstract of the U.S.)には、消費者物価指数をはじめ、結社が作成した五四の数表が含まれている。日本でも私的団体の調査機関が作成する重要な統計は存在するが、政策に利用されるほとんどの公式統計は、各省庁が省内に数多く抱える専門統計官を投入して作成されているのが普通である。

さらに結社はそのメンバーと政府との間の重要なコミュニケーションのパイプとしても機能する。メンバーは所属している結社を通して選ばれた代表に要望や意見を効率的に伝え、また結社はそのメンバーに新しい法律や規制を理解させ遵守させる手段となっているのだ。

こうした政治サイドからの結社への情報収集、あるいは政治そのものへの市民の関心を喚起させるだけではなく、「結社」は業界や職業に非常に近い分野のボランティアを動員し、社会的・経済的要請に合致するようメンバーを団結させる力を持っている。具体的な例として『名鑑』が挙げているのは、市民の教養を深める、迷子を捜す、医療施設の状況を改善する、貧困者に眼科治療を提供する、火災予防教育を行う、自然災害の犠牲者に援助を行う、ホームレスに医療サービスを施す、高齢者の納税申告を手伝うなどである。こうした多種多様な社会活動を通して、多くの「結社」は州の財政赤字の削減に大きく貢献していることを誇りとしているようだ。

結社数の歴史的動向

結社は新たに結成されるとともに、解散、移転、活動内容の変更をすることもある。「名鑑」は「結社」を次のようなタイプに分類している。

(1) 国内の非営利会員組織
(2) 国際組織。一般的に会員や活動範囲が米国・カナダの組織、または、他国に本部が置かれた組織で米国地区や米国・カナダ地区に支部、事業部がある組織
(3) 地方および地域組織。組織の対象や目的が国内の関心に限られる
(4) 非会員制組織。研究者だけでなく市民にも情報を発信した場合
(5) 営利組織だが組織の名称が非営利であることを示唆している場合
(6) インフォーマルな組織

こうした組織が時代とともにいかなる増減を示してきたのか。この点について、G.Gamm and R.D.Putnam (1999) が周到な分析を行っているので、その「触り」だけを紹介しておきたい。

彼らの主たる関心は、結社の地域的な分布だけではなく、移民、工業化、都市化と結社の

増減にいかなる関係が見出せるのかという点にあった。サンプルとなったのは、アメリカの二六の市とタウンに登録されている六万五七六一の「結社」で、その二八％は教会などの宗教団体、三〇％が米国の大学で組織されているギリシャ文字を三つ並べた友愛団体、残りが経済的、社会的、文化的、政治的な目的を持つ団体である。

トクヴィルの見たアメリカより少しあとの時期になるが、一八四〇年から一九五〇年までの一〇〇年余りの間に（全米二六の市とタウンに）存在した結社を分類して、次のような結果を得ている。人口一〇〇〇人当たりの「結社」数（「密度」）が最も増えたのは、一八五〇年から一九〇〇年であり、その後一九一〇年以降は「結社」の密度は低下している。一九一〇年までに大きく増加したのは、宗教団体と「友愛」系であるが、増加率で見ると、経済団体と女性・青少年団体が著しい「密度」の高まりを見せている。ちなみに友愛と相互扶助が目的の秘密結社フリーメイソンが急激な会員の増加を見たのは一九〇〇年以後のことだという。

同論文は、増加が必ずしも都市部においてではなかったことも統計的に明らかにしている。人口一〇〇〇人当たりの結社数は小規模都市ほど多く、移民（いわゆる foreign born）の高い都市ではむしろ結社の「密度」は低いというのも注目すべき結果である。

中間組織の位置づけ

以上見てきたようなアメリカ社会における「結社」の実態は、伝統的な経済学の思考にいかなる問題を投げかけているのであろうか？　現代の産業社会において、単なる自己利益をベースとする競争が社会的厚生を極大化するという理論命題を過大評価することは、中間的な準自発的組織（semi-autonomous bodies）による協力や団結の要素を含む産業社会の特質を見誤る危険性がある。競争を無条件に賛美したり、逆にその弊害のみを強調すると、現代経済社会の理念である経済的自由（economic freedom）の本質を見失うことになるからだ。

ケインズがいみじくも指摘したように、統治と組織の単位の理想的な規模は、個人と国家の中間のどこかにあるようだ。近年高まりつつある、「ソーシャル・キャピタル」をめぐる論究は、トクヴィルの「デモクラシーと結社の関係」の議論の再生と言うことができよう。一九九〇年代に入ってから日本の議会やメディアでしばしば論じられてきた政策課題として、（1）地方を活性化するために地方分権をいかに確立するか、税源の地方への委譲や中央政府から地方政府への人材の「天下り」をどう考えるのか、（2）国民の司法への参加を政治制度としてどう捉えるのか、その具体的な形としての「裁判員制度」はいかに運用されるべきなのか、（3）NPOやNGOと呼ばれる自発的な中間組織が、いかに公的な事柄への国民の関心を高め、公的な利害と私的な要求を調整する力を持ちうるのか、といった問題があった。

これら三点は、トクヴィルが一七〇年も前に、『アメリカのデモクラシー』の中で指摘した「個人主義と多数の専制のもたらす弊害を回避するために、アメリカのデモクラシーはどのような装置を制度として組み込んでいるのか」という問いと重なっている。民主制はすべての人々に自由な社会的栄達の道を平等に開いているが、結局のところ人々をバラバラにアトム化し、孤立させ、社会的紐帯を切断し、個人主義の究極的な形としての利己主義を蔓延させる、とトクヴィルは見た。無責任な利己主義が生み出す「多数の専制」を回避するために、アメリカ社会は、地方自治の確立、陪審制度による司法への参加、自由な結社という三つの装置を民主制の中に組み込んだというのである。このトクヴィルの指摘は、現代のデモクラシーと市場機構が依然として今も引きずり続けている難問を解くために、傾聴すべき論点といえよう。

人間の社会的な諸問題の解決は、個人の自助努力にすべてを期待することはできない。かといって、国家は個人の政治的要求・経済的困難に対して、いかなる場合にも救いの手を差し伸べるだけの体力を持ち合わせてはいない。そして、すべてを国家に依存することは、「独裁者の専制」ではなく、「全体の全体に対する専制」を生み出しやすい。こうした事情を考慮すると、「個人」でもなく「国家」でもない、自由な（自発的な）結社の持つ機能と問題点を具体的に検討することは極めて重要となる。この自由な結社の存在こそ、健全なデモクラシーの運営にとって必要不可欠な大前提と考えられるからである。

政治結社、大企業、労働組合、各種職能団体、消費者団体などの中間団体が、それぞれのメンバーの利益を公共性になじむものへと転化していくという機能は、市場経済においても無視することはできない。他方、こうした中間的組織が、圧力団体としての力を蓄えリベラル・デモクラシーにとって脅威と化すこともあろう。したがってこの種の中間団体が全体の利益にとってプラスの影響を与えるのか、マイナスに作用するのかは、実証的な問題であって、理論的な解答に現実的かつ有益な教訓が含まれているわけではない。しかしこうした組織が、デモクラシーと市場経済において果たす役割は今後さらに重要になることは否定できない。その最大の理由は、おそらく巨大化し、複雑化した現代の経済は、その全領域をprivate（私）とpublic（公）という二つの局面で区切るだけでは不十分となってしまった点にあり、今や人間の社会生活にはprivateでもpublicでもない、あるいはそのいずれでも解決できない局面が生じており、それをcommon（共同）という中間領域として位置づけ、公共の利益の増大に結びつける努力が求められているからである。

中間組織としての企業

最後に、企業（特に大企業）という組織が国家（公）と個人（私）の中間の分野で一定の機能を担っている点に注目したい。文明社会では、個人に対して本来的には国家が果たすべき役割を民間組織が一部代行するというケースがある。先に米国の結社の活動例を見たが、日本のケースもいくつか示しておこう。

まず、源泉徴収による徴税業務の代行が挙げられる。この源泉徴収という徴税方法は、納税義務者以外の第三者（多くの場合、給与などの支払者である「企業」）に租税を徴収させ、国または地方公共団体に納付させる制度である。所得税の源泉徴収は、多くの国で採用された制度であるが、日本の「年末調整」のように最終的な税額の計算まで給与支払者が行うのは、世界的に見るとそれほど一般的な慣行ではない。源泉徴収は、徴税が確実で費用を節約できるだけでなく、納税額を分割することによって納税が楽になるという利点がある。日本の場合、企業が徴税機能の一部を担うようになったのは、確実な税の補足が火急の課題であった戦時体制下からであった。

第二に、企業が従業員の（法定内と法定外双方の）福利厚生の一部を負担することが、企業の社会的役割となっている点である。現金給与以外に企業が労働費用として支出する福利厚生費（fringe benefits）は、すでに第5章で論じたように、企業にとって節税効果があるうえ、企業が大きければ、社員食堂や病院などがもたらす従業員への便益が一人当たり費用に対して大きくなるという「規模の効果」を持つ。したがって福利厚生費は、使用者側にとっても従業員にとっても、合理的な側面を持つことになる。

第三は、企業の従業員が組合組織によって「セーフティーネット」を張るケースである。セーフティーネットを国が（法律によって）張らねばならないという分野・対象は確かに存在する。例えば「失業保険」が、伝統的なセーフティーネットであることは周知の通りである。失業時の生活費の給付は国家による社会保障制度を根拠とし、その保険料の拠出は、本人以外に、国家や企業も負担すべきだという考えに基づいている。しかしセーフティーネットの中には、リスクの程度を同じにするようなグループが相互扶助と安定性の確保のために張るものもある。労働組合が労働金庫を利用して生活の安定性を図ろうとすることなどはその例であろう。

社会保障すべてを国家に任せることで問題が解決するわけではない。企業や労働組合などの中間的な組織がその役割の一端を担うという責務の意識は常に求められる。独立自尊を旨とする文明社会の人間は、国にすべてを頼るのではなく、個人が「連携する」ことによって中間的な組織を作り、共同の利益を実現させるという装置を制度的に組み込むことが必要とされるのだ。

第10章　分配の正義と交換の正義
——体制をいかにデザインするか

カモノハシのような国家

「万国博覧会」開幕一ヵ月前の上海《シャンハイ》を訪れたことがあった。その二年前の二〇〇八年、リーマン・ブラザーズの破綻を契機とする金融危機が起こり、世界経済全体が極度のスランプに陥っていた時期である。中国だけが「不況どこ吹く風」といった熱気を見せており、予想以上の経済基盤の強さを感じた。中国に精度の高い経済統計はないが、忙しそうに動き回る中国人と上海の交通渋滞が万博開幕直前の景気のよさを示していた。

その折、最終仕上げ段階の各国のパビリオンを見せてもらった。デザインはどれも奇抜で、特に英国館やスペイン館の斬新さには度肝を抜かれた。その中で日本館が抑えた色合いで控え目な佇《たたず》まいを見せているのとは対照的に、ホスト国としての自己主張であろうか、麻雀《マージャン》台のような形をした深紅の中国パビリオンの巨大さには圧倒された。

一ヵ月後に開会式は迫っているのに、会場内には、完成までにまだ日数がかかりそうな建物が多いのが意外だった。北京オリンピックのときも、競技会場の完成が遅れ、開会式に間に合うかと皆心配したものだ。しかし中国人の突貫作業のすごさは、万里の長城で証明済みであるから心配無用だと思っていたら、予想通り、見事に上海万国博覧会は開催された。

上海万博のマネージメントを担当した人材の中には、二〇〇五年の愛知万博に長期滞在しながら運営技術を学び取った人がかなりいると説明された。万博会場で会ったマネージメントの中国人はみな若く、なかなか社交的だ。話していると、米国の元気な若者と重なるところがある。中国の大学はどこも原則「全寮制」で、共同生活を経験している。「一人っ子政策」のもとで生まれた若者ではあるが、人との交際の術は大学時代の「四人部屋」「六人部屋」の寮生活の経験で培われているという。日本の多くの若者が、「一人一室」の空間で、プライバシーの殻に閉じこもる学生生活を送るのとは大きな違いだ。

一党独裁ではあるが、活力ある経済競争、民間部門の膨張と市場による評価、いずれをとっても、中国はもはや旧来の社会主義経済国家ではない。経済体制としては、旧来の「計画経済の社会主義」対「自由企業システムの資本主義」という分類には収まりきれない国になった。

公共的な事業を決定・実行するには、リベラル・デモクラシーの国家では市民との合意が必要な事柄をひとつずつ解決していかねばならない。したがって何事も実施には時間コストがかかる。しかし一党独裁国家は物事の進み具合が速い。中国は、経済の自由競争による「分権システム」と政治の「集権システム」を「水陸」両棲のように使い分ける、鳥と見紛《みまが》う哺乳類「カモノハシ」のような国家なのだ。問題はそのように政治と経済を分離して、「自由」を使い分けていくことがどこまで、どの程度可能かということだ。

それにしても「社会主義」という概念は変わった。筆者が学生であった頃の経済体制論では、社会主義は資源配分を計画によって実行し、生産物は平等分配を原則とする、と教えられた。分配が「必要に応じて」か、「能力に応じてか」はさらに論が分かれた。しかし平等という概念が「機会の平等」ではなく、「結果の平等」を意味することについては、ほぼ共通の理解があった。分配の正義に関しては、社会主義体制は「平等」を原則としていたのである。

他方、「資本主義」は市場取引による「交換の正義」を最優先する経済システムとして特徴づけられていた。自由な交換こそ、正義の感覚を満たすという立場である。そこでは「分配の正義」はあくまでも、「自由で公正な交換」がもたらす「結果の不平等」を補正するために考慮される正義の感覚とみなされていた。しかしこうしたおおざっぱな区別も、簡明ではあるが、実際は複雑で難しい問題点を含んでいることは明らかだ。「分配の正義」と「交換の正義」をどう捉えるのか、両者はどのような構造的な関係、あるいは優先順序にあるのかという問いは、倫理学の中でも論点のひとつとなってきたのである。

アリストテレスの「正義論」

正義にかかわる議論は、概念が時として曖昧であること、正義はしばしば仁愛（benevolence, charity）など他の徳義と組み合わさった形で議論されてきたことなどに注目し、社会科学の視点から三つの問題を取り上げて整理しておきたい。「正義」という曖昧な概念を初めて截然と区別し限定したのはアリストテレスであった。

アリストテレスは『ニコマコス倫理学』において、「人間にとって善きこと」を論じた後、道徳善（moral virtue）に論を進め、同書の第五巻「正義」・第一章「広狭二義における正義」の冒頭で、正義・不正義がいくつもの意味で語られ混乱を招いていることを指摘し、次のような定義と論点を示した。

（1）「われわれが正しい行為と呼ぶところのものは、ひとつの意味においては、国という共同体（ポリティケー・コイノーニア）にとっての幸福、またはその諸条件を創出し守護すべき行為の謂いにほかならない」とし、「最も善きひととは、その徳を自己に対して働かせる人ではなく、他に対して働かせる人なのである」と述べた。これは「正義の中に徳はすべてある」と考えたプラトンの「全体的」正義論を暗に批判すると同時に、心の行儀としての徳を、いわば自己の内部の私徳（貞節、謙遜《けんそん》、律儀など）と対社会的な公徳（公平、勇強、正中など）とに区別し、特に後者を重視したことを意味する。

またアリストテレスは、『ニコマコス倫理学』における道徳善の議論において、「正義」に相当の紙幅を割いているが、そのあとの第八巻・第九巻の「愛」（フィリア）の議論にも同じく多くの力を注いでいることを見逃してはならない。すべての共同体には一定の正義が存在するが、そこにはまた一定の「愛」が存在すると喝破している。そして共同体の結合の密度（親子愛、友愛、同胞愛など）によって、正義（義務）の要求の度合いも異なってくるとし、「愛」の増す度合いと同時に「正義」もまたその要求を増大させる。そして、その例として、僭主制《せんしゅ》においては「愛」も「正義」もわずかな限度にしか及ばないが、民主制では最も大きな限度まで及ぶとした。つまりいかなる愛も、共同性において存立すると論じたのである。ひとを自分と同じように大切にする「愛」は自他の共同であり、「ひとの自分自身に対する関係が、やがてまた其の相手に対する関係でもある」という彼の考えの中には、極端なケースとして、「愛があれば正義は不要な徳である」という考えがあったと推察される。

（2）さらにアリストテレスは、「個別の不正義が存在する」ように正義にも個別性があるから「徳のひとつとしての『正義』」を考察すると言う。そして、「正しい」という概念を、「適法性」と「均等性」に分け、後者の「均等性」を分配の正義（幾何学的分配）と矯正の正義（算術的分配）に、さらに「交換の正義」（応報的）を加えることによって、正義を概念的に区別し分類した。この分類はこのままではやや平面的に見えるが、「均等性」を重視した意味は大きい。彼は、交易なくして共同関係はない、と述べているが、その交易は均等性なしには成立せず、均等性は通約性（リンゴを売り、靴を買う、という全く異なったものを交換するための価値の測定のための共通単位、すなわち貨幣）なしには存在しないとも述べている。この点で、アリストテレスの正義論は、正義、共同体、貨幣による交換という経済学の中の三つの重要な概念を結びつける重要な貢献をしたと言えよう。

しかし、このアリストテレスの分割の中には、いわゆる「社会的正義」（social justice）という概念は現れない。F・ハイエクはかつて「社会的正義という概念は蜃気楼《しんきろう》だ」と言った。知識人の間にまだ社会主義への強い信仰があった時代背景を考えると、重みのある言葉ではあるが、いささか「勇み足」であったとも考えられる。この「社会的正義」という概念は、一八世紀以降の人権思想が背景にあることは確かである。しかしそれが何か、という問いに直接答えることは難しい。だが、「正義」という概念がすでに共同体の存在を前提にしているにもかかわらず、その社会的性格を否定するのは自己矛盾のように見える。この矛盾と混乱は、近代の社会哲学において、アリストテレス以来の「正義」と「愛」の補完性と代替性に対する考察が議論の枠組みから消えたことによるのではないか。

トマス・アクィナスの整理

アリストテレスの「正義」の構造を、さらに立体的に再構成したのは、トマス・アクィナス（一二二五頃〜七四）である（沢田和夫『トマス・アクィナス研究―法と倫理と宗教的現実』）。トマスは、「愛のない正義は残酷となり、正義のない愛は亡びの母となる」（『マテオ福音書についての注釈』五・二）と述べ、愛と正義の補完性に注目しつつ、正義の概念を次のように整理し順序づけた。

やや図式的に述べると、国（あるいは共同体）が個人を律し、個人がそのルールを遵守するのが法的正義、公民の間の負担と利益の配分を律するのが分配の正義（distributive justice）、そして個人と個人との間の交換関係を律するのが交換の正義（commutative justice）ということになる。

その前提の優先順位として、「公共の利益と負担を各人に配分する分配の正義が、社会の基本的な体制をまず設定し、あるいは立て直し、その体制の中で、個々の私的な利益の間を調整して正義を維持するのが交換の正義である」とトマスは考えた。つまり「交換的正義は分配の正義を前提とした概念だ」ということになる。

このように、交換の正義にはいくつかの社会的な前提条件があると見ていたトマスの正義論には、市場価格（market price）と公正価格（just price）の問題についての決定的な言及はない。財貨に公正価格が存在することは認めるが、その正確な算定を示唆することはなく、「ある種の推量に基づくこと」を認め、売り手・買い手双方の駆け引きに委ねると社会の共同生活に弊害が生まれる場合があるとし、ローマ法で取り締まっていることに言及するのみである。この点は、後に触れるH・シジウィック（一八三八～一九〇〇）の市場価格に対する評価とも重なる。「交換の正義」はそれ自体で自己完結的な意味を持たないのである。交換的にだけものを考えるときは、はなはだしい不正義に目をつぶることにもなるのである（沢田和夫）。

トマスは、「分配の正義」と「交換の正義」という二つの正義を、ただ私人の観点だけから考えるのではなく、共同善（common good）に関係づけるのが「法的正義」であるとし、「法的正義」の持つ、社会にとっての根本的な存在意義を強調している。

スミスからシジウィックへ

スミスの時代になると、正義論そのものは（正義が自然的な徳か人為的な徳かをヒュームは論じているが）全体としてトーンを弱めている。もちろん、スミスは「社会という建造物にとって仁愛は飾りであるが、正義は屋台骨に相当する徳である」と『道徳感情論』で述べ、正義の重要性を強調している。そして同書の第七部「道徳哲学の諸学説について」においても、プラトン、アリストテレス、ストア派の学説を見事に要約しているが、「分配の正義」論を積極的に展開してはいない。

それよりも、無法（lawlessness）と経済活動のエネルギーの関係への言及が『国富論』にも散見されるように、「法に適って」いなくても自然的正義には反しないという視点が出ていることは興味深い。例として密輸の問題（『国富論』第五編第二章）が挙げられる。密輸業者は国法を犯すという点では、確かに咎《とが》められるべきであるが、どう考えても自然的正義の法を犯したことにはならないとスミスは言う。

一六〜一八世紀のヨーロッパにおける海賊と密輸業者の横行を考えれば、このスミスの感覚は十分理解できる。奇襲と略奪を繰り返す海賊の一部に、英国、オランダ、フランスなどの国王は、「私掠船《しりゃくせん》」（戦時敵船捕獲免許を得た民有武装船）として保護を与えていた。略奪される側のスペイン人にとっては、フランシス・ドレイクといえども単なる海賊にすぎない。しかしドレイクの事業に多額の出資をしていたエリザベス女王は、彼が略奪の航海から帰還したとき、喜んでナイト爵に叙した（櫻井正一郎『女王陛下は海賊だった―私掠で戦ったイギリス』がこの点について丁寧な記述をしている）。

ヨーロッパの海上貿易と市場圏の拡大は略奪と密輸とともに発展した。市場と無法は不即不離の関係にあったのである。水夫は海の危険に命を賭けたからこそ、自分たちの戦利品を当然の報酬だと信じて疑わなかったのであろう。ドレイクが国民的な「英雄」となりえた理由もそこにある。アダム・スミスの時代には、イギリスの上流階級は、密輸品を着て、密輸品を食することに何の抵抗も示さなかったようだ。

略奪と密輸という無法行為は、ヨーロッパの海上貿易と市場経済発展のエネルギーとなった。無法（不法ではない）の中で生き残るには才覚だけではなく、覚悟がいる。敢えてこの覚悟をした「無法者」のみが、リスクに対する報酬を得た。古い因習を打ち破り、経済的利益獲得へのエネルギーを発散させたことへの対価があっても不思議ではないという社会風土であったのだろう。

「自由で公正」とは

しかし一九世紀七〇年代のシジウィックの思想には明らかな転換が見られる。*The Methods of Ethics*（『倫理学の方法』）の第三部・第五章には、その後の分配の正義論とも関係する重要な考察が見出される。（特に二八六～二九〇ページ）「では（自由競争で決まる）『市場価格』は、理念的に正しいとわれわれがいうところの意味と一致するのか？」と問うたシジウィックの議論は、まさに「分配の正義」を検討せずして、市場原理や市場価格の問題を考えることはできないこと（トマス的な立場とも言いうる）を知るうえで有益である（この場合の分配の正義はあとで触れる衡平法〔equity〕という概念とは別であることにも注意したい）。

シジウィックの議論は次のようなものである。「市場価格」は個人の自由を最大限に保証する社会における財・サービスの評価方法であるが、モラルといかなる点で一致するのか、自由が信賞必罰の正義を実現する最善の手段なのか、という大きな問いを避けることはできない。知識が不完全な状況（キケロの挙げた、飢《き》饉《きん》の土地に穀物を売りに来る商人があとから大量の穀物が来るのを教えない例）で、あるいは交換されるものの真の効用がわからない状況での「自由な契約」は、いかなる意味で「公正」と言いうるのか。科学的発見の市場的価値と効用など誰が事前に知りえようか。このように、一般に財・サービスの交換が自由で公正(free and fair) な交換であるということの意味は決して単純なものではない。時として、サービスの社会的価値は「自発的交換」によって決まるとは限らないし、「自発的」ということの意味すら不確かなのである。自然的独占、カルテルによる供給独占はもちろん、「他の階級の不利な経済条件によって別の階級が利益を得ること」は公正でないとシジウィックは指摘し、極端な例として「溺《おぼ》れている富豪に、傍に誰もいないことを確かめて、『財産の半分をよこしたら助けてあげる』とささやくこと」を誰が自由で公正な取引というのかと述べている。交換に目を配るだけでは、時にははなはだしい不正義に目をつぶることになる、わかりやすい例であろう。

市場価格の「倫理的な価値」を支えているのは「自由で公正」な交換という、場合によっては曖昧な意味しか持ちえない大前提だけだということである。この「自由な交換」に最大の価値を与えることへの懐疑と反省も時として必要であろう。それはわれわれ経済学者の倫理的立場を改めて問い直すことにもなる。自由競争は経済社会の成長や発展のためには重要かつ不可欠な社会装置であるが、正義の徳とは必ずしも両立しないことがありうるからだ。それはデモクラシーという政治制度における自由で公正な選択が、正義の実現と両立しないことがあるのと類比的である。そしてデモクラシーに替わりうる制度が、さらに大きな欠点を持っていることとも類比的なのである。

補完する原理

いずれにしても、ひとつの原理・原則で社会現象を説明したり、社会秩序を維持することはできない。人間の欲求が相互に矛盾したり（二重思考）、両立しえないことがある限り、制度も折衷的にならざるをえないのだ。

こうした認識の流れの中で「正義論」の復活に貢献したのはアメリカの哲学者ジョン・ロールズ（一九二一～二〇〇二）の『正義論』である。ここではその要約は控えるが、経済学と社会哲学の接点の思考としての価値は大きい。政治的自由、身体の自由を含む基本的なもろもろの自由を社会の構成員全員に平等に配分する「平等な自由」を第一原理、そして社会的・経済的な不平等を機会の均等を図りながら、最も不遇な人々の利益の最大化を図る「第二原理」、さらに結果的な社会的・経済的な不平等に対しては最悪の状況を可能な限り改善するという「格差原理」が導入される。この考えと手法は、市場メカニズムの非人格的で自動的な調整機能のもたらす効率性を長所として認め、分配に関しては、政府からの移転によって最低生活者にミニマムが保障されるのであれば、人々の所得が市場メカニズムによって決定されることは全くフェアであるとする。したがって参政権の侵害というような不平等がない限り、ミニマムを保障するシステムは形式的・手続き的正義を満たすということを示したのである。そしてこの最低生活者のミニマムをどこに設定するかという福祉問題は、立法と政治の段階で熟慮されるべき事柄だとするのである。その「熟慮」の段階では、正義以外の徳目が考慮されねばならないとする折衷的な解となる。正義は徳目のひとつにすぎないからである。

このように経済学が含み持つ「正義」にかかわる問題を反省していくと、次のような点が明らかになる。まず第一に、人間社会のシステムは一元的な原理で問題のすべてが解決するものではないということ。「単一の原理原則」だけではなく、折衷的ならざるをえない。それは人間の欲求そのものが、時に相矛盾する要素を同時に満たすことを求めるからだ。言葉を換えれば、われわれは「二重思考」を「矛盾」と感じてはいないのだ。

この点は、コモン・ロー（英国の判例法）の伝統の中で生まれた衡平法裁判所（Court of Chancery）の機能を考えると興味深い。形式的な正義のルールが時に厳格（rigor）に過ぎる場合、それを補正するような救済措置が必要だということだ。衡平法（equity）という概念は、コモン・ローとともにイギリス法の重要な淵源のひとつをなした。一般のコモン・ロー裁判で出た判決（正義の判決）があまりにも過酷だと感じられる場合、それを補正するのが衡平法裁判所である。逆に、この裁判所があるからこそ、コモン・ローの裁判所が判例に則った厳しい判断を下すことができたという面がある。同じような関係が経済競争と再分配の問題にもある。

したがって、効率を達成する厳しい市場競争と再分配政策を補完的に組み合わせて社会的制度をデザインするということが必要であり、いずれか一方だけで、競争と分配の制度を作り上げることとは、人間の正義の感覚になじまないところがある。つまり、人間自身が二つの両立しにくい原則を求めているため、その解決策も折衷的にならざるをえないのである。競争の原理は同時に再分配の原理を求めているのである。もちろん、これら両者の順序関係も問題となる。競争による効率の達成があり、その「行きすぎたと思われる」結果を補正するものとしての衡平を考慮するという視点である。先に触れた社会的正義という言葉の「社会的」というのは、こうした正義と衡平を組み合わせることの必要が、人間の「社会性」そのものに根ざしているということを暗に意味している。

第二点は、正義を経済学がどう取り扱うのか、その議論の前提は何かを考えることが重要だということだ。これは経済理論と現実の経済政策との関係をどう考えるのか、と言い換えることができる。理論には仮定がある。仮定を忘れて理論の結論だけをそのままの形で意識的・無意識的に受け入れてしまうような間違いを犯してはいないか。この種の間違いをいかに避けることができるのか。問題を絞り、限定し、概念化を行い、概念を変数で要約し、モデル化して分析を行うという技法は、近代科学の生み出した貴重な遺産ではあるが、そのステップすべてに問題がないわけではない。結論が現実の感覚に合わないとか、現実をうまく語れないときに、その仮定自体に再び戻るという最も基本的な作業を時として忘れがちになる。

先ほど強調したように、自由競争が生み出す市場価格というのは、そうした理論の枠内での「最適性」を保証するが、必ずしも正義の原則とは一致しない。個人の「自由を保障している」という意味では望ましいシステムではあるものの、正義の概念と完全に重なり合うものではない。アダム・スミスやハイエクが言うように、自由競争というのは、新しい技術や知識を発見したり、社会を活性化したりするという点では非常に優れた社会的な装置ではあるが、「自由で公正な」(free and fair) という概念そのものを掘り下げることなく自由競争を完全に擁護することはできないのである。

第11章　経済的厚生と幸福
——GDPを補完するもの

幸福の追求

最後に、経済と人間の幸福との関係を考えておこう。経済的な豊かさの追求と人間の幸福は果たしていかなる関係にあるのだろうか。経済的な豊かさそれ自体は、多くの場合「生活の質を向上させるから望ましい」とみなされる。さらに踏み込んで言うと、豊かさは、人間の選択の幅を広げてくれるという意味で、人々をより自由にしてくれるから望ましいのである。したがって、豊かさは、それ自体を最終目標として追求されるというよりも、何かを実現するための手段として求められるものなのである。

経済的問題が解決されたからといって人間の幸福の問題が解決されるわけではない。しかし次のことは確かであろう。所得や富によって人間が必ず真の幸福に至るわけではないが、所得や富がない場合よりもより自由な選択ができる。その意味では、経済を豊かにする仕事は医者の役割に似ているともいえる。医者は多くの場合、患者の病や苦痛を取り除くことはできるが、患者を幸福にすることには関与できない。医者の仕事は、患者の生命や健康にとって害のあるものを取り除き、患者自身の考える幸福を追求できるような状態に戻すことにある。同じように、経済は人々が幸福を追求できるための条件を整えるだけであって、人々を直接に幸福にすることはできないのである。しかし一定の豊かさの実現は、幸福の追求の前提条件となることは確かであろう。

一方、幸福の追求は、多くのデモクラシー国家の存立のベースをなす思想である。例えば、近代自由主義思想の父、J・ロック（一六三二～一七〇四）の人民主権の革命的な思想をベースにした「アメリカ独立宣言」（一七七六）の次の文章は、この思想を簡潔に語っている。「すべての人間は創造主によって、だれにも譲ることができない一定の権利が与えられている。これらの権利の中には、生命、自由、そして幸福の追求が含まれる。これらの権利を確保するために、人びとの間に政府が設置されるのであって、政府の権力はそれに被治者が同意を与える場合のみ、正当とされるのである」（斎藤眞訳）

「幸福の追求」が人間の諸権利の中に含まれるからこそ、「経済的な豊かさ」がそのための重要な手段のひとつとしての根拠を持つのである。しかし「何が幸福なのか」は、自分で自己確認しなければならない。幸福は単なる快楽ではない。幸福は長続きのする精神状態であって、スミスが言うように「静穏」(tranquility)と「楽しみ」(enjoyment)から成り立っている。立身出世のために一心不乱に富と地位を野心的に求め、その過程で他人との間で背信と失望を経験し、晩年を強い後悔の念で迎える「貧乏人の息子」の話(『道徳感情論』第四部・第一章)は、富が増えれば増えるほど、そして地位が高くなればなるほど、人間がどんどん幸せになるわけではないことを示すエピソードなのである。富や地位を熱心に求めることは、人生をむしろ不幸にする。この事実を理解している人が、スミスの言う「賢明な人」なのである。彼は、「私は富と地位には全く関係も関心もありません」と言う偽善者でもないのだ。

経済的な豊かさの測り方

以上のように豊かさと幸福の関係を了解したうえで、経済的な豊かさはどう測られているのかを考えてみたい。豊かさの指標として、国内総生産(GDP)という概念が用いられる。これは、一国内の労働、資本、土地などが協働して一定期間に生み出した付加価値を国全体で集計したものである。経済活動の生み出す経済価値は血液のように循環しており、生産、支出、分配、という側面からそれぞれ計測できる。この循環は、生産された消費財(パン、自家用車など）や投資財（機械設備など）への支出、政府支出、輸出など、「支出面」から把握することもできるし、賃金・給与、利潤、地代など、報酬を受け取る側の「分配面」からも計測できる。また、このGDPという概念が、数量に「価格」（例えば「重量」ではなく）を掛け合わせた「価値額」として集計されたものであり、それが「経済的厚生」の尺度として用いられることの意味も重要である。市場で評価された「価格」には人々の「経済的な満足度」が反映されているとみなすことができるからだ。

しかしこのGDP概念は、必ずしも経済的厚生を正確に測れる尺度ではない（例えば第8章で論じた消費と投資の区別もそのひとつの例である）。このGDPが、最も熟慮された厚生の尺度であることには大方の同意があるものの、その不完全性と測定方法をめぐっては、これまでいくつかの批判と論争があった。

例えば、家庭の主婦（主夫）の労働には、対価としての市場賃金が払われないため、家事労働はGDPに計上されていない。筆者が学生時代の「国民所得論」の試験に、「大邸宅に住む独身の貴族が、使用人の女性と結婚した。国民所得は増えるか減るか、論じなさい」という問題が出たと記憶する。正解はもちろん「減る」である。結婚前は、使用人としての労働に対価としての賃金が払われていたため、家事サービスの生産が国民所得を構成していたのだ。しかし結婚によって同じ労働が「家事」となり、市場での取引ではなくなり、国民所得の計算から除外されたためだ。国民経済計算体系には家庭内や共同体内の非貨幣的な取引は含まれないのだ。家計が無償労働を行い、市場に労働を提供することを見合わせたことによって失った賃金（逸失利益）を評価すると、GDPに対する無償労働の貨幣評価額の比率は、どの年度もかなり安定した数値を示し、実にGDPの二〇％前後にも及ぶと二〇〇九年の内閣府・経済社会総合研究所は報告している。

このような事実を見ると、社会構造、社会慣習（女性が外部労働市場に出るか否かなど）の違いによってGDPの数字はかなり異なってくる。例えば、豊かな自家消費や共同体内の互恵的な交換で生活している途上国の「付加価値」部分は、GDP統計では抜け落ちてしまう。そのため、先進工業国と途上国との実質的な生活の豊かさを比較することは難しいケースもある。途上国に住む人は、澄んだ空気とおいしい食べ物、静かな生活を楽しんでいるため、先進国の大都会に住むものより生活の質が良いと考えることができる場合もあるからだ。

また、鉱工業生産による環境の劣化がわれわれの生活の質を悪くしているにもかかわらず、GDPはそれを反映していない、といった問題もある。日本でも、一九七〇年代に、篠原三《み》代《よ》平《へい》教授らが中心となって、当時用いられていたGNPの概念と測定に関する改善案が提起されている。Net National Welfare（NNW〔純国民福祉〕）と呼ばれたものである。その主要な改善点は、環境劣化をいかに差し引き調整するのか、家庭内の労働をいかに計上するのかといった点にあった。

スミスが指摘したように、生活の豊かさは「消費」で測られるべきなのに、「投資」がGDPに含まれるのはなぜかという指摘もある。将来の所得の不確かな流れを生む投資よりも、現在の消費だけを問題にしているのか、あるいは「将来の各期にどれだけ消費するかという消費の流列の割引現在価値」という富（wealth）に近い概念を問題にしているのかが、曖昧なのだ。

第8章で述べたように、人間にとっての経済的厚生は、最終的には消費にあるという立場はアダム・スミスに代表される一八世紀の経済学（モラル・フィロソフィー）以来の伝統といってもよい。しかし投資、それも人的資本への投資、研究開発への投資をふくむ「広義の投資」が、国民所得の計算においていかなる原理原則で処理されるべきなのかは、理論家と国民経済計算の統計専門家との間の相互理解が成立しているとは言いがたい。

例えば、超低金利政策のもとでは、日本のバブル期における不良な投資プロジェクトへの貸し出しや、無駄な公共投資が多くなされたといわれるが、こうした民間設備投資や公共事業は国民の厚生にはつながらない（齊藤誠）。また総輸出マイナス総輸入の「純輸出」も、為替レートの動き次第では（例えば急激なドル安）、そのままの形では国民の経済的厚生に直接つながるとは考えにくい。効用は「消費」のみから発生するとしても、GDPの計算において将来の消費の流れの厚生分をどう処理するのかは問題として残る。

消費を思い留まって貯蓄した分が投資にまわり、その投資が経済の成長を促すのであれば、長期的な経済成長の視点から消費の総計を考えたとき、投資が、国民の経済的な福祉に貢献していると弁護はできよう（いわゆる経済成長における消費の「黄金律」経路問題）。しかし年々のＧＤＰを計測して成長率を云々する際に、そうしたことが念頭に置かれているわけではない。

効用と福祉

これまで本書で無限定に用いてきた「経済的厚生」(economic welfare)という言葉は、何を指し示しているのだろうか。この問いに簡単な答えが用意されているわけではないが、とりあえず二つの点を指摘しておこう。

「経済的厚生」は、ケンブリッジ大学のＡ・Ｃ・ピグー（一八七七〜一九五九）によって、彼の開拓した「厚生経済学」の基礎となる「福祉の物質的要件」を意味する言葉として一般に用いられるようになった。この用法はピグーの師、Ａ・マーシャル（一八四二〜一九二四）が、経済学を、人間の個人的、社会的な行動のうち、福祉の物質的要件にかかわる人間の研究の学と規定した考えを継承したものだ。経済学をこのように定義した段階で、経済的厚生と「幸福」とは、その意味がすでに異なっていることは明らかであろう。幸福には最低限の経済生活のベースが必要ではあるが、すでに指摘したように、経済が豊かになればなるほど幸福になるわけではないからだ。

もう一点留意したいのは、個人の効用（utility）という概念も、単に消費の対象となった財やサービスから得られる「満足」や「快感」として（知的な理解を抜きにして）定義することは難しいことだ。一時的には苦痛を伴う手術に効用を見出すことや、一時的な快楽を与える危険な薬物が「効用」を与えるものではないことを「理解」するには、知性と倫理観が求められる。この「理解」なしには効用という概念は明確な意味を持ちえない。一方、仮に個人の効用が明確に定義できたとしても、その個人の効用を社会的に足し合わせた「社会全体の厚生」を考えることとは、「社会が完全に同一の個人から成り立っているとすれば」といった大胆な仮定なしには不可能であろう。社会全体の厚生を考える「社会的厚生関数」（social welfare function）を、倫理的な基礎づけなしに、そして分配に関する基準なしに、個人のレベルから構成していく理論研究に目立った進捗が見られないことは十分理解できる。

以上の点はミクロ・レベルの「主体」の問題とも関連してくる。それは個人の効用が一義的に定義できるのかという問である（Schelling〔1984〕）。「自己」というものが、確定した単体であれば、その単体が感知する効用を明確に（一義的に）定義し、なんらかの仮定のもとで測定することはできよう。しかし、例えば時間を隔てて、経済行為の主体が別の自己（例えば、今日の私と、明日の私というように）に支配されるようになれば、効用という概念は不確かになる。この点は、古くはアダム・スミス（『道徳感情論』）が取り上げた自己統制（self-command）の問題でもある。ある程度の自己統制が働かないと、人間は単体としての首尾一貫性は保てない。この問題は先に触れたマクロ・レベルでの投資と経済的厚生の問題と類比的に捉えることもできる。それは人々が意図したことへの評価（例えば、この投資計画はよい）と生起した結果への評価（ひどいものを作ったものだ）を区別することの意味を問うことでもある。言い換えれば、意図した厚生と結果の厚生を区別して考えることが必要だということである。実はここには、意図と結果の乖離（dissociation of intention and consequence）の問題が潜んでいるのである。

こうした問題だけでなく、すでに触れた点ではあるが、経済的な豊かさが必ずしも人々の幸福につながらないという経験的な事実をどう考えるのかという問いも残されている。秩序や安定性、平等の進展など、社会科学における諸問題を考えていくと、経済社会の中の人間にとっての厚生概念に、改めて検討を加える必要があると感じざるをえない。伝統的な経済学が問題としてきた厚生の概念と、人間の幸福感はいかなる関係にあるのか、人間の知性や倫理と幸福感はいかに関連しているのか、といった問いに改めて向き合わなければならないのだ。

正確な概念が存在しなければ測定できないし、測定できない概念はいくら厳密であっても現実の政策指標としてはあまり役に立たない。経済的厚生の指標としてのGDPの問題点は、国民所得計算が多くの国で計算され公表されるようになってからも、その概念と測定方法の改善案をめぐって、一部経済学者の強い関心テーマであり続けてきた。

測定という段階になると、すでに述べたようにGDP概念には正確さ（accuracy）に関して様々な問題点が存在することは、多くの論者の指摘するところであった。集計量概念に基づくマクロ政策に批判的なギャリソンの次の比喩は、GDPの意味・性格とその限界を示す点で面白い。彼は、国民所得統計に基づく政策を、「栄養士が、乗客が乗り込む前と乗り込んだ後の機関車の重量を測り、その測定された差をベースにして、全乗客共通の同じ食餌《しょくじ》メニューを考えるようなものだ」（Garrison〔1979〕）と評したのである。

おそらく、GDP測定の不正確さは、第6章で厚生概念の代理指標として取り上げられた「自己申告された満足度」（self-reported satisfaction）の概念の曖昧さとどちらが傷が浅いかということになろう。両者に「傷」はあっても、補完的に用いることによって、経済的厚生の把握はさらに確かなものになるはずだ。欠陥があるからすべてを否定するというのは建設的ではない。大事なことは、この種の議論は決して経済学に対するニヒリズムに傾いてはならないということである。

厚生指標を補完するもの

伝統的な国民経済計算による経済的厚生の測定を補完する試み、あるいは改善する試みが近年多く現れだした。伝統的な経済学の効用概念を、「自己申告された満足度」(self-reported satisfaction)、「幸福度」(happiness)、「主観的な厚生」(subjective well-being) をも問題にして、補完するか、拡張しようとする立場である。人間の知識や合理性には限界があるとして、経験された効用を直接計測するという考えや、様々な活動に振り向けられた時間をそれらの活動に対する主観的な価値評価でウェイトづけするという手法などの提言もある。

そうした提言の背景には、戦後世界の先進工業国でGDPが飛躍的に増大したにもかかわらず、人々の幸福感がそれほど高まっていないという報告があるからだ。例えば、一国内をとると、富裕層は平均すると貧困層よりも「幸福だ」と感じているものの、国際比較や時系列を見ると、一人当たり所得と「幸福感」の間には、はっきりした相関は認められない。富んだ国の人々は貧しい国よりも「幸福だ」と思っているが、幸福と所得の関係はそれほど自明ではない。ベーシック・ニーズ以下の状況なのかそれ以上の水準の話なのかが重要であるものの、ベーシック・ニーズが満たされたあとは、所得の絶対水準ではなく、相対水準が

「幸福感」を規定するという調査結果もある。その際、人々の「幸福感」の規定要因がわかれば、「幸福感」に対して何が経済政策として有効で、何が無効なのかの判定基準が得られるかもしれない。だがこの「幸福感」が、長期的に見れば、将来の状況をどう変えるのかについての思慮に基づいているのか否かの判断は伏せられている。

そこで厚生を左右する要素として「所得」以外のファクター、健康、結婚、仕事、市民活動などをもっと分析の対象に入れるべきだという主張が現れる。そして国際比較と時代比較のための大規模なサーベイを行い、一般に表立った行動としては現れない、不平等、環境劣化、インフレや失業への感じ方を直接聞き出すという作業を行うのである。

しかしこのアプローチで「厚生」の尺度問題がすぐには解けないことは明らかである。サーベイデータに含まれるバイアスはもちろん、観測されない個人の特質によってデータがゆがみを持つことは明らかだからだ。

また、所得の不平等が個人の厚生にいかに影響するのかという問題に対しても、「幸福の経済学」はなんらかの答えを与えることができるかもしれない。おそらく、国の政治経済体制によって答えは異なってくるとは思われる。また、政治参加（例えばスイスの直接民主政治）が「幸福」へプラスの効果を与えるという研究もある（Frey and Stutzer〔2002〕）。

いずれにせよ、A・セン（一九九五）が指摘するように、貧者が資質や機会を持たないがゆえに（capability〔潜在能力〕の欠如ゆえに）、「自由な選択」あるいは「行動」を取れない状況にあれば、個々人の選択は厚生についての限られた情報と意味しか与えない。センは「個人は何をなしうるのか」という観点から、厚生の問題を考えるべきだと指摘した。個人がどのような資質や資源、機会を持つかを区別せずに、所得だけで厚生を論ずることには大きな欠陥があると指摘したのである。この点は、前章で述べた、分配の正義を論ずることなしに交換の正義を評価することはできないとするシジウィックの議論にも通底する。もしある個人が、限られた能力と機会しか持たないのであれば、彼が「自由な選択」を行ったとはみなせないから、選択を通して自由に選好を表明したこと（expressed preference）にはならないのである。その場合、選択の結果ではなく、直接表明された選好で構成された厚生（well-being）の基準を考慮する必要があるという主張は傾聴すべきであろう。

センのこうした指摘は、国連の人間開発指数（Human Development Index-HDI）の計測として実現している。一人当たり所得以外に、寿命、成年識字率、就学率などを勘定に入れた厚生指数が組み立てられたのである。

経済学の真の力

人間の幸福を、所得をはじめとする経済変数だけで判断しないという姿勢は、経済学研究者の間ではごく自然な考えとして受け入れられている。この知恵は、ごく普通の市井の賢者が昔から持っていたものなのである。しかしこの「経済変数以外の要因への関心を高める」という研究動向には、ひとつの落とし穴が含まれていることに注意しなければならない。何事も経済変数で説明しようとする「経済還元主義」と、経済学が遺産として持っている経済学の分析アプローチの使用を混同して経済学を批判するという危険である。人間行動や社会現象を「経済的要因だけで説明しようとすること」と、「経済学的アプローチで解明しようとすること」とは全く別の次元に属する知的活動だからだ。二〇世紀後半の経済学では両方の要素が強まったことは確かだが、両者を混同するという事態も生じた。その典型例はシカゴ学派（特にG・ベッカー）への批判であろう。

ベッカー（一九三〇〜）の研究の特徴は、経済学の分析対象を社会学の対象へと革新的に広げたことと、そしてこの拡張が首尾一貫性を持って行われてきたことである。つまり彼の仕事は、経済学の伝統に批判的に挑戦し、挑戦することによって逆に経済学の伝統の威力を立証する、という逆説的な構造を持っている。

この点について一九九三年の二月、彼自身あるテレビ番組で次のように語っている。「自分が当時のプリンストン大学の経済学に失望したのは、現実問題にはほとんど目を向けず、伝統的な経済学の領域から一歩も踏み出さないで、抽象的なおしゃべりに終始していると感じたからだ。自分にとって経済学は人間の生に関する見方、考え方、問題解決の指針であり、社会学者、人類学者、小説家たちとは異なった人間行動の解釈法を提示する学問であってほしいと願ったからだ。その点では、当時の社会学の方が自分には魅力があり、専攻を変えようと思ったほどだ」という。まさにアメリカの経済学の「実用性」への問いかけである。

ノーベル経済学賞受賞記念講演の冒頭で彼が述べた表現を借りれば、「私の言う経済学的アプローチとは、マルクス的分析とは異なり、個人は利己心や物質的利害だけによって動機づけられるとは想定しない。それは分析の方法であって、ひとつの特殊な動機に関する仮定ではない。私は利己心という狭い行動仮説から経済学者をテコで動かして解放しようと試みてきた。人間の行動は、はるかに豊かな価値と嗜好から引き出されるのである」（傍点筆者）。つまり個人は、それが利己的であれ、利他的であれ、誠実からであれ、悪意からであれ、自分が理解する厚生を最大にするために行動していると考えるのである。

彼のアプローチは、経済学の手法の汎用性に着目し、非合理的とみなされてきた人間行動を、経済学の枠組みを用いて解析することにあった。したがって目的関数たる効用や厚生を左右する中身は、物質的利得や自己利得とは限らない。そしてこの効用最大化を制約するものは、所得や時間であり、不完全な記憶や計算能力、不十分な資源や機会と考えられているのだ。

われわれ人間は、経済的利益で動くこともあれば、観念の力に突き動かされて行動することもある。自己の利益のみを勘定に入れるかと思えば、他人のためにすべてを投げ出す人もいる。これらの行動は、すべてその人が理解する「幸福感」から出ているのであって、経済利益を最大化した行動ではない。ベッカーが「経済還元主義」を批判しているという点では、その経済学観に筆者も共感を覚える。

終章　経済学に何ができるか

順序の大切さ

経済学の教育と研究を職業として以来、筆者は、自分の仕事が人の役に立っているのだろうかとふと考えたことが幾度かあった。何か直接目に見える形で、自分の努力が人の悦《よろこ》びとして報われることを浅はかにも望んでいたのであろうか。確かに、当時うらやましく思った職業がいくつかあった。音楽家、大工、料理人などの仕事は、具体的な仕事を通して人の悦びを直に感じ取ることができる。言葉を介することなく、具体的な行為によって人間の存在の根本にかかわれるからだ。しかし労働経済学の研究で様々な職場の調査をするうちに、いつしか、どの仕事にも苦しさと楽しみがあり、あの仕事は、この仕事は、と比較するのは愚かなことだとわかってきた。

しかし自分の仕事と社会との関係を考えるうちに、なるほどと思う発見もあった。筆者が憧れた職業は、単に人を直截に喜ばせるだけではなく、仕事を遂行していくのには段階を踏まねばならないという事実を知る格好の例でもあったということだ。大工の仕事を見ていると、物事には順序があり、作業には目に見えるものと見えないものがあること、しかし仕事が終わった段階では、こうした順序や隠されたものは、完成した全体像からは読み取りにくいということがわかった。ある機能や精神をひとつの「形」に表現する、そして見えないところで見えるものを支えるという構造を案出するという点で、共通の奥深さがあることに気づいたのだ。

実は、経済学にも学ぶ順序や使い方がある。学ぶ内容にも、前準備と土台のための「見えない知識」と「命題の形で論証された知識」がある。これらの知的遺産を理解して、現実の経済問題を考えるという「順序」が大切なことは強調してもしすぎることはない。経済現象は複雑なだけでなく、循環的な構造を持っている。原因が結果を生むだけでなく、その結果がまたもとの原因に働きかけるという関係がある。ひとつの現象が多くの要因に依存しており、様々な要素が網の目のように相互に関係しあっている。このような複雑な経済現象を解きほぐしていくためには、正確な「事実」の把握と、論理的に（つまり筋道を立てて）考える力が必要とされる。このステップで必要とされるのが、家を建てるときの大工のような、「順序だった仕事ぶり」なのである。

しかし論理的な筋道を立てる、という作業だけでは、単なる「骨」か「柱」だけの建造物に終わる。それだけでは生きた人間が「人間として気持ちよく住める建物」にはならない。さらに必要なのは論理以外の美しさ、気持ちよさなどの精神的な無形の要素である。ここで言う「人間として気持ちよく住める建物」は善き生活のための善き経済政策に対応する物であり、「骨」や「柱」が経済理論に相当すると考えてもいいだろう。

それはちょうど、言語の例に引き寄せて言うと、「文法」に当たるのが経済学であり、読む、話す、書くといった実際の言語の「使用」「運用」にかかわるのが経済政策だと見てよいだろう。外国語として言語を学ぶ際、文法の理解は不可欠なことは言うまでもない。しかし、文法の習得だけでは、読む、話す、書く、と言った言語活動は実用的で、かつ洗練されたものにはならない。経済理論の役割が、「骨」や「柱」、あるいは「文法」の働きや役割と似ている理由をどう説明すればいいのだろうか。

経済学の役割

おそらく経済学のいかなる分野をとっても、理論が純化した命題とその応用としての現実の経済政策との間に一意的な対応関係が存在する場合は稀であろう。理論的命題は必ず、「Aという条件が成立すれば、Bという結果が得られる」という形式をとる。しかしこのAという条件が成立しているか否かを、経験的なデータで厳密にテストすることはできない。さらに、Aという条件以外の要素を理論は捨象しているわけであるから、理論が教える「定理」自体を現実の政策論議にそのまま援用することは難しい。先ほどのたとえで言うと、「柱だけの家には住めない」ということであり、「文法だけを（例外の例外まで）学習しても、外国語をマスターしたことにはならない」というのに似ている。

「経済学に何ができるのか」と問うことが本書の目的であった。経済学は社会の経済問題に一刀両断に明快な答えが与えられるものではない。むしろそうした明快な、強すぎる主張には用心すべきであろう。個々人の私的問題はもちろん、社会問題には、必ず経済的な側面がある。しかし、純粋な経済問題はこの世に存在しない。純粋な経済問題と見える場合でも、その根源や成り立ち、そして全体的な姿に迫ろうとすれば、（その例を後に示すが）そこに経済外的な要因が必ず見つかる。

この世の多くの問題が、「純粋に経済的」ではないとすれば、経済的な側面に限定してその問題にメスを入れる経済学だけではその問題は解決しないはずだ。だからこそ、経済学者による（完全な知識ではないが）専門的判断だけではなく、健全な価値観と判断能力を持ったアマチュアの生活者としての知恵も必要とされる。賢明なアマチュアが提示した回答や疑問に対して、経済学からの回答を経済学者は準備しなければならない。しかし経済学の役割はここまでである。何を重視したモデルに基づくかによって経済学者の回答は同一でない場合が多い。したがって当然そこに「価値」の対立と相克が生まれることは避けられない。あとはデモクラティックな過程の中で、議論を重ねながらなんらかの合意に達する道を探るというのが、リベラル・デモクラシーの文明社会に住む人間の義務と責任なのである。

TPP参加問題

こうした経済学の役割とその限界を明確にした最近の例を二つほど挙げておこう。ひとつは、日本のTPP（環太平洋経済連携協定）参加問題、今ひとつはギリシャの財政危機に端を発するユーロ危機である。前者は「貿易の利益」を検討する際の思考の枠組みを経済学が示す一方で、TPPという戦略の持つ政治的な意味と経済学の主張を区別することの重要性を教えてくれる例として、後者は、経済的な構造の異なる国の間で「共通通貨」を導入することについて経済学はいかなる論理を持っていたかという例として示唆に富むからである。

輸入国が課す関税をどれくらいの高さに設定するか、完全に撤廃してしまうかなどによって、貿易の量と流れが激変することがある。たかが関税と思うなかれ。関税は国と産業にとっては死活問題なのだ。略奪とは異なり、確かに貿易は人々を温和にさせる（モンテスキュー）が、時として戦争への道につながる。

米国独立戦争の近因も英国の米植民地への課税問題であった。第一次世界大戦後も、高関税の保護主義が不況にさらに追い討ちをかけ、三〇年代に入ると世界経済は長引く不況の泥沼から脱出できなくなる。そうした流れの中で貿易管理が強化され、ドイツやイタリアは急速に全体主義体制へと傾斜しはじめる。関税が国の経済力を低下させ、最終的には世界を破滅的な戦争状態に追い込んだのである。

貿易摩擦に関しては、戦前と戦後、日本は欧米諸国から似たようなバッシングに遭っている。一九三二年以降、日本が綿布や雑貨などの輸出増加でいち早く不況から回復し出すと、日本の進出で市場を失った欧米諸国は、「日本の労働者の非人間的な低賃金はソーシャル・ダンピング」だと非難しはじめた。金輸出の再禁止に伴う急激な「円安」が輸出拡大の最大の原因であったのにもかかわらず、欧米諸国は日本に対して報復的な関税引き上げや輸入総量規制などの対抗措置を続けたのである。

最近日本で関税・貿易問題としてＴＰＰの参加問題が新たな議論の対象となった。ＴＰＰは、日本農業の体質見直しの刺激剤となりうるが、場合によっては打撃ともなりうる。この自由貿易協定は、例外品目がなく、参加国間で一〇〇％の自由化（関税ゼロ）を実現するという。物品の貿易だけではなく、サービス貿易、政府調達、知的財産権、協力など、投資を除くすべての通商を対象としているのだ。

ＴＰＰは、将来ＡＰＥＣ（アジア太平洋経済協力）が自由貿易協定となるためのモデル協定を目指していると考えられる。二〇〇六年五月に発効したときは、ニュージーランド、シンガポールなど、経済規模が小さく貿易依存度の高い四ヵ国でスタートした。その後、米国、豪州、ペルー、ベトナム、マレーシア、コロンビア、カナダなどが続々と参加を表明した。

日本では、「ＴＰＰに参加するか、しないか」という二分法の議論が多かったが、今後の動きはそう割り切った形では進まないだろう。すでに参加している国々も「全分野一〇〇％の自由化」という目標が直ちに達成されるとは考えていないだろう。米国が、ベトナムからの繊維輸入をそのまま受け入れるだろうか。ＴＰＰは、段階的な関税の撤廃、投資については今後の交渉に俟《ま》つ、という極めて柔軟な枠組みで出発している。日本も産業構造を基本的に見直すチャンスとしてＴＰＰ問題を捉える必要があろう。

しかしＴＰＰは単なる経済問題ではない。ＴＰＰ参加には大きな政治問題が含まれていることに留意する必要があろう。これはまさに「政治と経済は不可分」の格好の例なのである。そこには次のような背景があるからだ。

中国は経済が減速しはじめているため、国内の格差問題や分配問題が表面化してきている。

国内経済が問題を抱えてはいるが、軍事的な膨張は衰えを見せていない。二〇一一年秋のハワイでのAPEC首脳会議で、中国代表は「中国はTPP交渉に招待されていない」という言い方で、TPPへの不満と警戒感を露わにした。それは、自由主義諸国をはじめとする近隣諸国が中国を包囲するような形で自由貿易圏の形成を推し進めていると捉えているからだ。もしこれが「包囲網」であれば、新たな「冷戦構造」ができ上がることになる。すでに、オーストラリアは北部ダーウィンへの米軍の駐留を受け入れている。

世界経済へ遅れて組み込まれた中国の支配者層、特に軍部が国力の誇示を意識しすぎて、軍事的な膨張を続けるというケースも、念頭に置かなければならない。構造的には、現代の中国は、一九三〇年代の日本の政治と軍の動きを想起させるような状況にも見える。冷たい戦争と熱い戦争、いずれも悲観的な予想であり、回避しなければならないケースではある。それはいかにして回避可能なのだろうか。TPPの議論には、こうした将来の国際政治の枠組みに関する視点を欠かすことができないのである。

ユーロ危機

二〇一〇年から続くユーロ危機は、経済学の論理と対立するような政治運動が生み出した危機とも言える。経済政策を論ずるときに政治的な意味合いを無視することも問題であるが、経済的な論理を無視した政治理念の先行も極めて危ないことを示す例であろう。またこの例は、日本でしばしば語られる「東アジア共同体」論への重要な教訓をも含んでいる。「ギリシャ危機」は、ユーロという通貨が投機筋に狙われると脆弱《ぜいじゃく》な体質を内包していることをはからずも露呈した。その後の世界の金融市場の混乱は、ギリシャという小国の国家財政への信用崩壊が世界の実体経済を揺るがすことも教えてくれた。こうした現象の背景を理解する前提として、「ユーロ」という単一通貨の持つ宿命を知らねばならない。

まず「ユーロ」という単一通貨を、経済水準と経済構造の異なるEU内の一六の国が使用しているとはどういうことなのか。かつてドイツはドイツ・マルクを使い、フランスはフランス・フランを通貨とし、変動為替相場のもとでは、両国の経済取引を為替相場に基づいて決済していた。しかし一九九九年一月のユーロ導入は、EUのメンバー国の経済政策（特に金融政策）の自由度を奪うことになった。単一通貨の導入によって、それぞれのメンバー国の国家主権の一部である経済政策の独立性が奪われたのである。その理由を経済学が説明している。

国際金融の理論では、複数の国家間で単一通貨がうまく機能するためには次の条件が満たされなければならないとしている。（1）「中央政府」から不況メンバー国への財政移転が可能なこと、（2）労働力と企業がメンバー国間で自由に移動できること、（3）不況地域の物価・賃金が下落し、企業が流入しうる物価・賃金の伸縮性があること、（4）以上三条件によるる調整をそれほど必要としないほどに、メンバー国の経済状況がシンクロナイズすること、である。

米ドルという単一の共通通貨を用いる米合衆国は、五〇の州（States）がこの条件を概《おおむ》ね満たしていた。米国の場合、国内の労働の移動は比較的容易である。言語、文化、国家意識に大きな違いはない。組合が強く賃金が比較的硬直的なEUとは違って、米国内の賃金はかなり伸縮的である。さらに米国には連邦税があり、州間の財政移転が可能であることなど、先の条件は基本的に満たされている。

しかしヨーロッパ一六ヵ国はこれらの条件を四つとも満たしていないと指摘されていた。例えば、（2）の条件で言うと、EUメンバー国の間には、言語の障壁、社会風土の違いがあるため、数学者や音楽家などの専門職、あるいは不熟練労働者の移動はしばしば見られるが、普通の中産階級の企業労働者がEU内といえども国を超えて移動することはほとんどない。またメンバー国の間の財政移転は難しい。自分たちが勤勉に働いて納めた税金を、怠け者の国になぜあげなければならないのだ、という気持ちがあるのだ。財政連合（Fiscal Union）が必要との提案もあるが、ドイツはじめ富裕な国が拒否しているようにその実現は極めて難しい。

フェルドシュタインの危惧

こうした難問を無視してユーロを導入することには無理がある、と早い段階からその危惧を表明していたのは米国の経済学者マーティン・フェルドシュタイン（一九三九〜）であった。彼は（1）単一通貨は、貿易や競争への経済利益よりも、高い失業率、長期のインフレのリスクの方が大きいこと、（2）ユーロの創出の主な意図は、経済的なものではなく、政治的なものであり、それは（3）ヨーロッパと米国との対立を増大させる可能性がある、と指摘していたのである。

言い換えれば、ヨーロッパの政治指導者たちには、長年にわたる独仏の対立をなんとか融和へと導きたいという気持ち（普仏戦争以来七十年余りの間で独仏は三回も兄弟殺し〔fratricide〕をしてきた）があり、特にフランスは、米国との対抗意識からヨーロッパの政治的統一を求めていたということになる。共通通貨の導入はそうした「政治的な理由から」推進されたのだというのがフェルドシュタインの見解であった。

経済学の定理によると、（1）名目為替レートの固定化、（2）自由な国際取引の維持、（3）独立した金融政策、という三つの政策目標のうち、同時に達成できるのは、二つだけである。もちろん理論は理論であって、そのままでは現実に適用はできない。しかし定理の示す「傾向」なり「力」が働くことは確かだ。ユーロという単一通貨は、メンバー国間の為替レートを固定したことを意味するから（1）の政策目標はすでに達成されている。EUはメンバー国間の貿易・資本・労働の移動を自由にしているため、（2）の政策目標も達成されている。ということは、ユーロによって、（3）の金利ないし通貨供給量を、それぞれのメンバー国の経済状態に合わせて自由に設定できなくなったことを意味する。為替レートの固定性（すなわち単一通貨）はメンバー国から金融政策の独立性を奪い去ることを意味した。

単一通貨のもとでは、メンバー国間に景気の大きな「格差」が生じた場合どうなるか。例えばドイツ経済は過熱気味でインフレ圧力が強い、他方、スペインでは大量の失業者が出て物価も下がり気味だとしよう。EUには「財政の収斂《しゅうれん》基準」があり、赤字財政の割合がGDPの三％以内とされており、原則として財政政策の手は縛られている（実際はユーロ参加国でもこの基準を破った国があるのだが）。この財政上の制約によって、景気の格差が大きくなるとメンバー国間の経済的対立と政治的緊張は不可避にならざるをえない。

そのとき、EUの中央銀行（ECB）は統一的な金融政策をどう打ち出すのか。金融政策をEU内の民主的な手続きで決めることはできない。強い国、例えばドイツが、「一律的な金融政策」の主導権を握るであろう。これが運命の通貨「ユーロ」の誕生がもたらした、EU内の「民主制の欠損」と呼ばれる統治構造なのである。

にもかかわらず、ユーロの推進者は、「単一通貨による価格比較が競争を促進し、経済効率を高める」と考えたが、これは机上の空論に過ぎない。他方、メンバー各国は政治的には「同床異夢」の状態にあった。フランスはこの「政治統一」で、ドイツと政治的に肩を並べうると予測し、ドイツの連邦銀行（Bundesbank）よりも、ユーロの欧州通貨連合が力を持つ方がフランスの存在感を高めうると考えたと推量できる。

欧州全体で利子率が低迷する中、低利の借り入れで家計も住宅などに支出し、政府もそれ以上に過大な支出を行った結果、ユーロ諸国の多くは赤字国債の累積に苦しみはじめる。国債の買い手の方は、マーストリヒト条約の「救済措置なし」の条項を無視して、ユーロ建てであるから安全だという意識があったのだろう。

いずれにしても、前提となる政治的、経済的な条件が整うまで、ユーロは極めて不安定な通貨であり続けるであろう。その理由は、ユーロというシステムが、現段階では経済論理としては無理な、「欧州の統一」という政治的理想を実現しようとしたところにあるといってよい。言い換えれば、政治的理想と経済の論理に矛盾があったということである。

ギリシャのユーロ離脱が云々されるが、この解決策は、ギリシャの資産の他のユーロ地域の金融機関への逃避を引き起こし、新たな金融危機を招きかねない。ギリシャのユーロ離脱は、マクロ経済学的には意味を持つが、現実の経済政策としては不可能であろう。賃金、銀行預金、債券、担保、税、これらすべての契約を、国内通貨で名目価値を改定しなければならないからだ。そしてデモクラシーのもとでは、これらすべてに関しての広汎な国民的な議論が必要になる。そもそもユーロ離脱自体が為替レートを変えることを意味するため、市場の投機筋がどう動くかを読むことも極めて難しい。したがって政治問題や経済問題としてではなく、手続き的に「離脱」は至難の業となる。その困難は、ユーロ導入にEUがいかに長い年月をかけてきたのかを考えれば、容易に想像できることなのである。

「価値の相克」という倫理的な問題

経済的な論理と政治的な価値とが相反するような例を二つ挙げた。これらの例は、政策を決定するときには、これらの相反する価値の間での選択を行わなければならないことを意味する。それにはいかなる装置と手続きが必要なのだろうか。この問いを徹底して考えたのがF・ナイトであった。

ナイトは、自由経済と自由経済の経済学を無条件で礼賛《らいさん》したわけではなかった。昨今のバブル経済がそうであるように、経済合理性の追求は容易に「行きすぎる」ことを理解していた。ヒュームが言うように、人間の「理性は情念の奴隷」になるのである。確かに「自由社会」は、絶対的権力によって行動を強制された全体主義社会や非民主社会より人間を尊重する社会ではある。しかしその人間は、これまで見てきたように、相矛盾する精神と両立しえない要求を抱えた厄介な存在なのである。人間に合理性はもちろん認められるが、非合理な面も持つ。功利主義的な選択を得意とするときもあれば、非功利主義的な面を見せることもある。社会的であるとともに反社会的な性向も示す。

こうした人間の二面性についてナイトは次のように説明する。人間は物語や神話などを時には真実よりも愛し、無意味なジョークや機知を楽しむ。そして「バブル」のような集団としてのヒステリアを発症することもある。残虐、利己的、無頼漢的、頑固、といった情念を持つ。自由社会の到来はこれら人間の反社会性も解き放ってしまったため、合理性を追求するはずの理性が、悪しき情念の奴隷になりがちだとナイトは見た。現代社会の最大の問題は、倫理であり、モラルであり、価値の問題だと見ていたのだ。

また、ナイトは市場経済が生み出す勝者と敗者、貧富の差を、そのまま受け入れることは倫理的に許されないとも主張した。人の成功はその人の努力だけでは決まらない。各人には家庭や地域などの事情があり、それが競争の結果に反映される。努力だけでなく、能力、家庭、社会的環境、そして「運」が絡み合って成否は決まるのだ。このため、単なる機会の平等だけでなく、その社会の文化に参加する手段、あらゆる地位につく手段が平等に与えられるべきだと説いた。「能力」や「運」という要素を考慮の外に置かなかったという点で、ナイトは、「とにかく市場に任せよ」と言いつのる経済学の無条件な信奉者ではなかった。

ナイトが闘った「思想」のひとつは、自由な社会の諸問題を科学が解決できるという科学の「道具性」を強調する考え（例えば、ジョン・デューイ〔1859～1952〕）であった。科学が社会問題に適用されるということは、「社会が科学に制御される」ということを意味する。しかし社会問題の解決においては、合意に到達するという点が重要なのであって、社会工学的に科学の成果を準用していくことではないと考えるのだ。

では、どう解決するのか

これまで本書で紹介してきたような、歴史例、あるいは現代社会が直面する難題が示すように、自由社会における様々な対立の根源にあるのは「価値」であり、理想である。知的価値、倫理的価値、美的価値などが相互に、そしてその価値の内部で対立しあう。「自由」は倫理的価値ではあるが、時に自由より重要な価値も自由社会には存在する。秩序であり、安全であり、効率性、発展、正義などである。知的価値である「真」は自由社会以前、あるいは非自由社会では不動の地位を占めたが、自由社会では、「真」は流動的で相対的な性格を持つと考えられがちになった。

人間は、個人のレベルでも、集団のレベルでも、「反社会的」な面を持つから、自分たちの特定の「善」を、固定的な「真」と主張することが多くなる。ナイトは、社会問題が深刻になりやすいのは、「真」と「善」を混同するためだと指摘する。場合によっては、個人にとっての「善」を、絶対的な「真」であるかのように見せかけようとする。「真」が絶対的なものとされることにより、「善」と「善」の対立が、時に癒しがたいレベルにまで達するのだ。

さらに困難な問題は、「善」すなわち倫理的価値、社会的価値の対立をどう調停するのかという問題だ。これには「知性」と「知性的行為」によって「反社会性」を抑止し、価値の間のバランスを、(価値の限界効用逓減を前提に)「価値」の最上の組み合わせを絶えず探求する努力が必要とされるのだ。

結局、市場経済の持つ「自由」は十分活用すべきだが、結果をそのまま受け入れるのではなく、批判的に吟味していくべきだとナイトは説いたことになる。その中庸でバランス感覚を重視する姿勢は、歯切れのいいものではない。今や全体主義がほぼ消え失せ、自由社会を修正しながらよりよくしていく他ない以上、モラルの問題を解決しなければならない。しかしその際、モラルの価値の順序づけと選択を行えるのは、知性である。そして価値の選択を行う社会的な装置のひとつがデモクラシーであることはいうまでもない。その政治システムのもとで、いかなる国民的な合意に達するのがよいのか。この難問に対するひとつの答えは、インテリジェンス、つまり知性が自由社会の価値の相克を解決する役割を担うという確信である。インテリジェンスをどのように働かせていくのか、そこに最大の、そして最も困難な現代社会の課題が存在するのである。

その難問解決のためには、まず経済学の論理を知ることが必要であり、経済学の論理の力と限界を知ること、そして経済の論理だけを言いつのらない品性が求められるのである。経済学が力を発揮できるのは、その論理を用いて説得が可能な価値選択以前の段階までであり、それ以降は政治的な選択に任すよりほかはないのである。経済学の論理だけで強い主張を行えない理由はそこにある。そこが理論と政策を分ける重要な境界線なのである。

あとがき

この本は昨年春、当時中公新書編集部におられた高橋真理子さんの企画でスタートした。筆者が二〇一〇年四月から『朝日新聞』（大阪本社版）に一年間連載したコラム、「わかりやすい経済学」で取り上げたテーマを中心に、何か「善い生のための経済学」について書き下ろすような新書が作れないか、というのが高橋さんのアイディアであった。構成を議論している段階で、社内の異動により編集担当は田中正敏さんにバトンタッチされた。田中さんからは、実際に本の形にまとめ上げる段階で、数々の建設的な提案と助言をいただいた。また、丹念な編集作業をして下さったことにも感謝している。

本書の内容の一部を、青山学院大学国際政治経済学部の二〇一二年度前期授業「国際経済特殊講義Ⅶ」で講義してみた。一〇年ぶりに教壇に立ち、学部の学生諸君が熱心に聴いてくれたことが励《はげ》みとなった。

また、本書第1章から第3章、および第5章は、『日本経済新聞』の「経済教室」に連載した「歴史と思想に学ぶ」をベースにしている。同社の経済解説部の松林薫さんと道善敏則さんのコメントはまことに有益であった。また、関連論文の検索と統計数字の確認には、田村太一さん（流通経済大学経済学部）が力を貸してくれた。

以上のように、本書は多くの方々の協力でき上がった。小さな新書の形ではあるが、この本の中には筆者が半世紀近く向き合ってきた経済学への思いが埋め込まれている。多くを教えてくれた同業の研究者諸氏に感謝の気持ちを表すとともに、苦楽をともにした家族との思い出に本書を捧げたい。

著者しるす

二〇一二年盛夏

Charles Wyplosz, "EMU: Why and How It Might Happen," *Journal of Economic Perspectives* 11 (4), Fall, 1997", pp.3-22
Frank H. Knight, *Intelligence and Democratic Action*, Harvard University Press, 1960
Frank H. Knight, *Freedom and Reform*, Kennikat Press, 1947

櫻井正一郎『女王陛下は海賊だった―私掠で戦ったイギリス』(ミネルヴァ書房、2012年)
Henry Sidgwick, *The Methods of Ethics*, Hackett Pub. Co. Inc, 1981
ジョン・ロールズ『正義論　改訂版』(川本隆史、福間聡、神島裕子訳、紀伊國屋書店、2010年)

第11章

アダム・スミス『道徳感情論』下(水田洋訳、岩波文庫、2003年)
堂目卓生『アダム・スミス―「道徳感情論」と「国富論」の世界』(中公新書、2008年)
内閣府経済社会総合研究所『無償労働の貨幣評価の調査研究』〈報告書〉(2009年3月)
齊藤誠『成長信仰の桎梏』(勁草書房、2006年)
Thomas C. Schelling, *Choice and Consequence*, Harvard University Press, 1984
Roger Garrison, "a Forward" to O. Morgenstern's *National Income Statistics: A Critique of Macroeconomic Aggregation*, Cato Institute, 1979
Bruno S. Frey and Alois Stutzer, *Happiness and Economics*, Princeton University Press, 2002
Amartya Sen, "Rationality and Social Choice," *The American Economic Review*, Vol.85, No.1, Mar. 1995, pp.1-24
アマルティア・セン『福祉の経済学―財と潜在能力』(鈴村興太郎訳、岩波書店、1988年)
ブルーノ・S・フライ『幸福度をはかる経済学』(白石小百合訳、NTT出版、2012年)
猪木武徳「G・ベッカー:経済学は人間学」日本経済新聞社編『現代経済学の巨人たち―20世紀の人・時代・思想』(日本経済新聞社、2001年)

終　章

Martin Feldstein, "The Political Economy of the European Economic and Monetary Union: Political Sources of an Economic Liability," *Journal of Economic Perspectives* 11 (4), Fall, 1997, pp.23-42
Martin Feldstein, "EMU and International Conflict," *Foreign Affairs*, November / December 1997

S. クズネッツ『諸国民の経済成長─総生産高および生産構造』（西川俊作、戸田泰訳、ダイヤモンド社、1977年）

第９章

ケインズ『自由放任の終焉』（山田文雄訳、現代教養文庫、1953年）
トクヴィル『アメリカのデモクラシー』第２巻上（松本礼二訳、岩波文庫、2008年）
Arthur M. Schlesinger Jr., *The Age of Jackson*, Boston: Little, Brown and Company, 1945
Encyclopedia of Associations: An Associations Unlimited Reference, Detroit, MI: Gale Group, 1997
Gerald Gamm and Robert D.Putnam, "The Growth of Voluntary Associations in America, 1840-1940," *The Journal of Interdisciplinary History*, Vol.xxix, No.4 Spring 1999, pp.511-557.
猪木武徳「Social Instrument としての日本企業─「公共性」の国際比較のための概念整理」『日本研究』（国際日本文化研究センター、2007年5月）
猪木武徳「企業内福利厚生の国際比較へ向けて」猪木武徳、樋口美雄編『日本の雇用システムと労働市場』（日本経済新聞社、1995年）
Inoki, Takenori, "Private, Public and Common - Problems in Democracy and Market Economy," *Sozialwissenschaftliche Schriften Heft 37*, herausgegeben von Rudolf Weiler, Duncker & Humblot, Berlin, 2003

第10章

アリストテレス『ニコマコス倫理学』上下（高田三郎訳、岩波文庫、1971年）
Friedrich A. von Hayek, "The Atavism of Social Justice," in *New Studies in Philosophy, Politics, Economics and the History of Ideas*, Routledge & Kegan Paul, 1978
沢田和夫『トマス・アクィナス研究─法と倫理と宗教的現実』（南窓社、1969年）
アダム・スミス『道徳感情論』上下（水田洋訳、岩波文庫、2003年）
アダム・スミス『国富論』Ⅰ（大河内一男訳、中公文庫、1978年）

1948～52年)
トクヴィル『アメリカのデモクラシー』第2巻上（松本礼二訳、岩波文庫、2008年）
Ronald Inglehart and Genes Hans-Dieter Klingemann, *Culture and Happiness*, MIT Press, Cambridge, 2000
Ruut Veenhoven, "Advances in Understanding of Happiness," *Revue Québécoise de Psychologie*, Vol.18", 1997

第7章

猪木武徳『大学の反省』（ＮＴＴ出版、2009年）
ベーコン『学問の進歩』（服部英次郎、多田英次訳、岩波文庫、1974年）
霜山徳爾『黄昏の精神病理学―マーヤの果てに』（産業図書、1985年）
ミルトン『言論・出版の自由―アレオパジティカ　他一篇』（原田純訳、岩波文庫、2008年）
Walter Lippmann, *The Public Philosophy*, New American Library, 1955,（本文では『公共の哲学』〔矢部貞治訳、時事通信社、1957年〕を用いたが、校正の段階で片岡寛光訳〔早稲田大学出版部、2002年〕が新たに出ていることを知った。）
(Cardinal) Henry Newman, *The Idea of a University*, Chelsea House, 1983
ミケーレ・ボルドリン、デヴィッド・K・レヴァイン『〈反〉知的独占―特許と著作権の経済学』（山形浩生、守岡桜訳、ＮＴＴ出版、2010年）
アナリー・サクセニアン『現代の二都物語―なぜシリコンバレーは復活し、ボストン・ルート128は沈んだか』（山形浩生、柏木亮二訳、日経ＢＰ社、2009年）

第8章

Ronald H. Coase, "The Problem of Social Cost," *Journal of Law and Economics*, 3 (Oct.1960)
トクヴィル『アメリカのデモクラシー』第2巻下（松本礼二訳、岩波文庫、2008年）
アリストテレス『ニコマコス倫理学』上（高田三郎訳、岩波文庫、1971年）

第５章

河上肇『貧乏物語』（岩波文庫、1965年）
バーバラ・エーレンライク『ニッケル・アンド・ダイムド―アメリカ下流社会の現実』（曽田和子訳、東洋経済新報社、2006年）
エンゲルス『イギリスにおける労働者階級の状態』上下（浜林正夫訳、新日本出版社、2000年）
マーシャル『経済学原理』第１～第４（馬場啓之助訳、東洋経済新報社、1965～67年）
W・H・ベヴァリッヂ卿『産業組織と失業問題』（遊佐敏彦訳、開拓社、1930年）
Gertrude Himmelfarb, *Poverty and Compassion: The Moral Imagination of the Late Victorians*, Vintage Books, 1992
小峯敦『ベヴァリッジの経済思想―ケインズたちとの交流』（昭和堂、2007年）
ケインズ『雇用・利子および貨幣の一般理論』（塩野谷祐一訳、東洋経済新報社、1995年）
ケインズ『貨幣論』ＩⅡ（『ケインズ全集』第５、６巻所収、小泉明、長澤惟恭訳、東洋経済新報社、1979～80年）
William H. Beveridge, *Full Employment in a Free Society*, Allen & Unwin, 1944

第６章

内閣府国民生活局編『平成14年度　国民生活選好度調査―国民の意識とニーズ』（国立印刷局、2003年）
Sherwin Rosen, “The Economics of Superstars,” *American Economic Review*, Vol.71, no.5, December 1981”, pp.845-858
アリストテレス『政治学』（山本光雄訳、岩波文庫、1961年）
アダム・スミス『道徳感情論』上下（水田洋訳、岩波文庫、2003年）（なお拙著本文中の引用は、筆者が用いてきた米林富男訳『道徳情操論』〔未來社、1969年〕による）
Justin Wolfers, “Is Business Cycle Volatility Costly ? Evidence from Surveys of Subjective Well-Being,” *NBER Working Paper Series*, 9619, April 2003
Kelvin Philipps, *Wealth and Democracy: A Political History of the American Rich*, Broadway, 2003
デイヴィド・ヒューム『人性論』１～４（大槻春彦訳、岩波文庫、

猪木武徳『経済思想』（岩波書店、1987年）
P・サムエルソン、W・ノードハウス『サムエルソン　経済学』上下（都留重人訳、岩波書店、1992〜93年）（本文で触れたのは、ノードハウスとの共著になる前のサムエルソン『経済学』〔*Economics: An Introductory Analysis*〕で、1964年頃、マッゴーヒル・講談社から出ていた第７版のアジア版である）
シェイクスピア『マクベス』（木下順二訳、岩波文庫、1997年）

第４章

F・H・ナイト『危険・不確実性および利潤』（奥隅栄喜訳、文雅堂銀行研究社、1959年）
猪木武徳「シカゴ学派の経済学」根岸隆編『経済学のパラダイム―経済学の歴史と思想から』（有斐閣、1995年）
マックス・ウェーバー『一般社会経済史要論』上下（黒正巌、青山秀夫訳、岩波書店、1954〜55年）
R.カイヨワ『遊びと人間』（清水幾太郎、霧生和夫訳、岩波書店、1970）
B. Sutton-Smith, J. M. Roberts and R. M. Kozelka, "Game Involvement in Adults," *Journal of Social Psychology* 60, 1963
パスカル『パンセ』（前田陽一、由木康訳、中公文庫、1973年）
『旧訳聖書Ⅲ　民数記　申命記』（旧約聖書翻訳委員会、山我哲雄、鈴木佳秀訳、岩波書店、2001年）
伊藤秀史『ひたすら読むエコノミクス』（有斐閣、2012年）
George Akerlof, "The Market for Lemons: Quality Uncertainty and the Market Mechanism," *Quarterly Journal of Economics*, Vol.84, No. 3, 1970
Nathan Rosenberg and L. E. Birdzell, Jr. *How the West Grew Rich: The Economic Transformation of the Industrial World*, Basic Books, 1987
ジョン・ミクルスウェイト、エイドリアン・ウールドリッジ『株式会社』（鈴木泰雄訳、ランダムハウス講談社、2006年）
上村達男・金児昭『株式会社はどこへ行くのか』（日本経済新聞出版社、2007年）
ジョン・マクミラン『市場を創る―バザールからネット取引まで』（瀧澤弘和・木村友二訳、ＮＴＴ出版、2007年）

James M. Buchanan, "Debt, Public," *International Encyclopedia of the Social Sciences*, The Macmillan Company & The Free Press, 1968

第2章

アラン・S・ブラインダー『中央銀行の静かなる革命―金融政策が直面する3つの課題』（鈴木英明訳、日本経済新聞出版社、2008年）
バジョット『ロンバード街―ロンドンの金融市場』（宇野弘蔵訳、岩波文庫、1941年）
J・S・ミル『経済学原理』第1～第5（末永茂喜訳、岩波文庫、1959～63年）
バジョット『イギリス憲政論』（小松春雄訳、中公クラシックス、2011年）
R. S. Sayers, *Central Banking After Bagehot*, Oxford University Press, 1957
日本銀行百年史編纂委員会編『日本銀行百年史』第5巻（1985年）
F・A・ハイエク『貨幣発行自由化論』（川口慎二訳、東洋経済新報社、1988年）
ハイエク『自由の条件』Ⅰ～Ⅲ（『ハイエク全集』Ⅰ-5～7所収、気賀健三、古賀勝次郎訳、春秋社、2007年）
Lawrence H.White, *Free Banking in Britain: 1716-1844*, Cambridge University Press, 1984
山本貴之「F. A. ハイエクと幣制」『大阪大学経済学』Vol.38, No.1-2, September 1988
A. J. Rolnick and W. E. Weber, "New Evidence on the Free Banking Era," *The American Economic Review* Vol.73, No.5, 1983
加藤俊彦『本邦銀行史論』（東京大学出版会、1957年）

第3章

Eric E. Rowley, *Hyperinflation in Germany: Perceptions of a Process*, Scolar Press, 1994
ケインズ『平和の経済的帰結』（『ケインズ全集』第2巻所収、早坂忠訳、東洋経済新報社、1977年）
Peter Z. Grossman and János Horváth, "The dynamics of the Hungarian Hyperinflation, 1945-6: A new Perspective," *Journal of European Economic History*, 29, (2, 3) Fall-Winter 2000, pp.405-427

主要参考文献

はしがき

ジョージ・オーウェル『一九八四年』（新訳版）（高橋和久訳、ハヤカワ epi 文庫、2009年）

Alec Cairncross, *Economics and Economic Policy*, Basil Blackwell, 1986

序　章

アダム・スミス『道徳感情論』上下（水田洋訳、岩波文庫、2003年）

ヒューム『人性論』（土岐邦夫、小西嘉四郎訳、中公クラシックス、2010年）

堂目卓生『アダム・スミス―「道徳感情論」と「国富論」の世界』（中公新書、2008年）

Frank H. Knight, *Intelligence and Democratic Action*, Harvard University Press, 1960

Frank H. Knight, *Freedom and Reform*, Kennikat Press, 1947

山本貴之「自由と改革」『帝塚山経済・経営論集』第16巻（2006年3月）

J・R・ヒックス『経済史の理論』（新保博、渡辺文夫訳、講談社学術文庫、1995年）

日本経済学会編『日本経済学会75年史』（有斐閣、2010年）

第1章

落合博実『徴税権力―国税庁の研究』（文春文庫、2009年）

C. Webber and A.Wildavsky, *A History of Taxation and Expenditure in the Western World,* Simon and Schuster, 1986

高橋典子「1934年帝国所得税法における社会政策的租税制度」『多元文化』（名古屋大学大学院国際言語文化研究科、2006年3月）

J・R・ヒックス『経済史の理論』（新保博、渡辺文夫訳、講談社学術文庫、1995年）

ヒューム「公信用について」（『市民の国について』下所収、小松茂夫訳、岩波文庫、1982年）

カント『永遠平和のために』（宇都宮芳明訳、岩波文庫、1985年）

人名索引

あ行

か行

さ行

た行

英字

APEC（アジア太平洋経済協力） 227, 228
ECB（欧州中央銀行） 232
GHQ（連合国軍総司令部） 17, 42
near money（準貨幣） 60, 61, 63
Net National Welfare（NNW，純国民福祉） 209
Occupy Wall Street（ウォール街占拠） 113
TPP（環太平洋経済連携協定） 225〜228
WTO（世界貿易機関） 90

な行

は行

ま行

や行

ら行

わ行

事項索引

あ行

か行

猪木武徳（いのき・たけのり）

1945年滋賀県生まれ．京都大学経済学部卒業．マサチューセッツ工科大学大学院博士課程修了．大阪大学経済学部教授，同学部長，国際日本文化研究センター教授，同所長を経て，現在，青山学院大学大学院特任教授．
著書『経済思想』（岩波書店，1987，日経経済図書文化賞，サントリー学芸賞）
『自由と秩序』（中央公論新社，2001，読売・吉野作造賞）
『文芸にあらわれた日本の近代』（有斐閣，2004，桑原武夫学芸賞）
『大学の反省』（ＮＴＴ出版，2009）
『戦後世界経済史』（中公新書，2009）など多数

経済学《けいざいがく》に何《なに》ができるか
中公新書 2185

2012年10月25日初版
2012年11月15日再版

著　者　猪木武徳
発行者　小林敬和

本文印刷　三晃印刷
カバー印刷　大熊整美堂
製　本　小泉製本

発行所　中央公論新社
〒104-8320
東京都中央区京橋 2-8-7
電話　販売 03-3563-1431
　　　編集 03-3563-3668
URL http://www.chuko.co.jp/

Published by CHUOKORON-SHINSHA, INC.
Printed in Japan　ISBN978-4-12-102185-4 C1233

中公新書刊行のことば

一九六二年一一月

いまからちょうど五世紀まえ、グーテンベルクが近代印刷術を発明したとき、書物の大量生産は潜在的可能性を獲得し、いまからちょうど一世紀まえ、世界のおもな文明国で義務教育制度が採用されたとき、書物の大量需要の潜在性が形成された。この二つの潜在性がはげしく現実化したのが現代である。

いまや、書物によって視野を拡大し、変りゆく世界に豊かに対応しようとする強い要求を私たちは抑えることができない。この要求にこたえる義務を、今日の書物は背負っている。だが、その義務は、たんに専門的知識の通俗化をはかることによって果たされるものでもなく、通俗的好奇心にうったえて、いたずらに発行部数の巨大さを誇ることによって果たされるものでもない。現代を真摯に生きようとする読者に、真に知るに価いする知識だけを選びだして提供すること、これが中公新書の最大の目標である。

私たちは、知識として錯覚しているものによってしばしば動かされ、裏切られる。私たちは、作為によってあたえられた知識のうえに生きることがあまりに多く、ゆるぎない事実を通して思索することがあまりにすくない。中公新書が、その一貫した特色として自らに課すものは、この事実のみの持つ無条件の説得力を発揮させることである。現代にあらたな意味を投げかけるべく待機している過去の歴史的事実もまた、中公新書によって数多く発掘されるであろう。

中公新書は、現代を自らの眼で見つめようとする、逞しい知的な読者の活力となることを欲している。

中公新書

現代史

番号	書名	著者
1980	ヴェルサイユ条約	牧野雅彦
2055	国際連盟	篠原初枝
27	ワイマル共和国	林健太郎
154	ナチズム	村瀬興雄
478	アドルフ・ヒトラー	村瀬興雄
1943	ホロコースト	芝健介
1572	ヒトラー・ユーゲント	平井正
1688	ユダヤ・エリート	鈴木輝二
530	チャーチル（増補版）	河合秀和
1415	フランス現代史	渡邊啓貴
652	中国―歴史・社会・国際関係	中嶋嶺雄
2034	感染症の中国史	飯島渉
1959	韓国現代史	木村幹
1650	韓国大統領列伝	池東旭
1762	韓国の軍隊	尹載善
1763	アジア冷戦史	下斗米伸夫
1582	アジア政治を見る眼	岩崎育夫
1876	インドネシア	水本達也
2143	経済大国インドネシア	佐藤百合
1596	ベトナム戦争	松岡完
941	イスラエルとパレスチナ	立山良司
2112	パレスチナ―聖地の紛争	船津靖
1612	イスラム過激原理主義	藤原和彦
1664 1665	アメリカの20世紀（上下）	有賀夏紀
1937	アメリカの世界戦略	菅英輝
1272	アメリカ海兵隊	野中郁次郎
1992	マッカーサー	増田弘
1920	ケネディ―「神話」と実像	土田宏
2140	レーガン	村田晃嗣
1863	性と暴力のアメリカ	鈴木透
2000	戦後世界経済史	猪木武徳
2163	人種とスポーツ	川島浩平

中公新書

経済・経営

経済・経営

g2

1837 内部告発と公益通報　櫻井　稔
1901 年金問題の正しい考え方　盛山和夫
1795 企業福祉の終焉　橘木俊詔
1738 男性の育児休業　佐藤博樹　武石恵美子
1286 個人尊重の組織論　太田　肇
1793 働くということ　ロナルド・ドーア　石塚雅彦訳
1897 現代中国の産業　丸川知雄
2013 無印ニッポン　堤　清二　三浦　展

社会・生活

1242 社会学講義　富永健一
1600 社会変動の中の福祉国家　富永健一
1910 人口学への招待　河野稠果
1914 老いてゆくアジア　大泉啓一郎
1950 不平等国家 中国　園田茂人
760 社会科学入門　猪口 孝
1479 安心社会から信頼社会へ　山岸俊男
2070 ルポ 生活保護　本田良一
2121 老後の生活破綻　西垣千春
1911 外国人犯罪者　岩男壽美子
1894 私たちはどうつながっているのか　増田直紀
2100 つながり進化論　小川克彦
2138 ソーシャル・キャピタル入門　稲葉陽二
2184 コミュニティデザインの時代　山崎 亮
1814 社会の喪失　市村弘正 杉田 敦

2037 社会とは何か　竹沢尚一郎
1740 問題解決のための「社会技術」　堀井秀之
1537 不平等社会日本　佐藤俊樹
1401 OLたちの〈レジスタンス〉　小笠原祐子
265 県民性　祖父江孝男
1597 〈戦争責任〉とは何か　木佐芳男
1966 日本と中国―相互誤解の構造　王 敏
1164 在日韓国・朝鮮人　福岡安則
1269 韓国のイメージ（増補版）　鄭 大均
1861 在日の耐えられない軽さ　鄭 大均
702 住まい方の思想　渡辺武信
895 住まい方の演出　渡辺武信
2180 被災した時間―3・11が問いかけているもの　斎藤 環